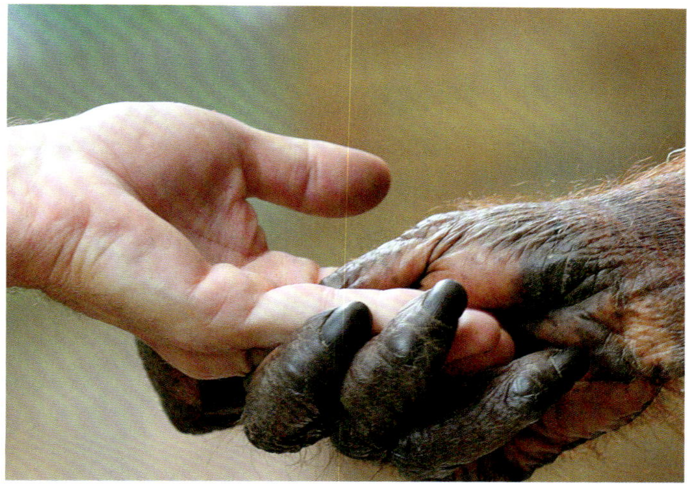

Jürgen Reich | Udo Nagel

TIERKINDER IM ZOO

HINSTORFF

Liebe Leserinnen und Leser,

Jungtiere sind von jeher die Lieblinge der Besucher in Zoos und Tiergärten weltweit. Erklären lässt sich dieses Phänomen mit dem Kindchen-Schema. Große Augen, ein in Relation zum gesamten Körper großer Kopf, tapsige Bewegungen – dies alles ruft in unserem Unterbewusstsein Sympathie, Beschützerinstinkt und Fürsorge hervor. Schematisch ist dies ähnlich unserem Verhalten gegenüber Babys oder Kleinkindern.

So nimmt es nicht Wunder, dass 42 Millionen Zoo-Besucher jährlich in Deutschland Jungtiere oft in den Mittelpunkt ihres Interesses stellen. Dabei ist die Aufzucht von Jungtieren eigentlich nur ein Nebeneffekt für Zoologische Gärten. Zoos weltweit sehen ihre Aufgabe im Naturschutz und in der Bildung und nicht in der Produktion von Knuddeltieren wie Knut & Co. Es ist die Bewahrung der Schöpfung, einer größtmöglichsten Biodiversität, die sich in unzähligen regionalen und internationalen Projekten und der täglichen Wissensvermittlung niederschlägt. Dazu braucht es natürlich gesunde Tierpopulationen in artgerechter Haltung. Eine vitale Population ist eine, die sich in die ganze Bandbreite einer Art ausnutzt.

An dieser Stelle möchte ich eine Bemerkung zu einem sehr emotional diskutierten Thema machen. Der Philosoph sagt: Mit der Geburt beginnt der Tod. Das heißt, schon im Augenblick der Geburt beginnt die Lebensuhr abzulaufen. Im übertragenen Sinne: Nicht jedes Jungtier wird gesund geboren und überlebt die ersten Tage. Nicht jedes Jungtier wird oder kann aufgezogen werden. Manchmal ist der Gesundheitszustand so schlecht, dass er keine medizinische Hilfe mehr möglich macht. Oder es sind Aspekte des Populationsmanagements zu berücksichtigen. Gerade dies wird momentan heiß diskutiert. Nach erfolgreicher Haltung und Zucht sehen sich Zoos mit dem Gesetz der Überproduktion in der Natur konfrontiert. Förster und Landwirte kennen dieses Problem. Auch in Nationalparks muss, wenn die Vermehrung einer Art den Gesamtbestand gefährdet, eingegriffen werden.

Fortpflanzungsverhütende Maßnahmen können nur solange eingesetzt werden, wie sie die Gesundheit der Tiere und die Populationsentwicklung nicht gefährden. Zoos machen sich die Entscheidung über Jungtiere, die in der Population nicht platziert werden können oder die die Zahl der vorhandenen Unterbringungsmöglichkeiten übersteigen, nicht leicht. Als Ultima ratio – als allerletzte Möglichkeit – und nur in einem sehr geringen Prozentsatz vom Gesamtbestand müssen dann Jungtiere eingeschläfert werden, die keinen Platz in der Zucht oder in anderen tiergärtnerischen Einrichtungen finden. In den großen Zoos des deutschsprachigen Raumes fällt diese Entscheidung eine Ethik-Kommission, bestehend aus Zootierpfleger, Abteilungsleiter, Tierarzt, Kurator, Direktor und Amtstierarzt. Dieser Hinweis war mir zur sachlichen Bewertung des Phänomens »Jungtiere im Zoo« wichtig.

Der Autor dieses attraktiven Bildbandes ist Jürgen Reich, ein »Zoomensch«. Viele Jahre war Jürgen Reich Zootierpfleger im Zoologischen Garten Rostock und ist heute freier Fotograf. Aus seiner profunden Kenntnis heraus hat er seltene Augenblicke des Tierlebens im Zoo eingefangen. Wie von selbst findet seine Kamera den Weg zu klaren, die Natur des Lebens widerspiegelnden Bildern. Seine eigenen Texte zeigen, wie schon in den vorangegangenen Büchern, einen naturverbundenen, bodenständigen Mecklenburger mit wachen Augen.

Nun wünsche ich Ihnen, liebe Leserinnen und Leser, eine angenehme Lektüre dieses Bildbandes und wenn Sie einmal die Originale bewundern wollen, besuchen Sie uns im Zoologischen Garten Rostock.

Ihr Udo Nagel
Direktor des Zoologischen Gartens Rostock

Jungtiere, die auf großen Gemeinschaftsanlagen mit verschiedenen Tierarten zusammenleben, haben keine Langeweile. Das Steppenzebrafohlen hat soeben noch einmal alle Grünfutterplätze durchsucht und ruht nun satt neben seiner Mutter.

Die Zebrastute säugt ihr zwei Monate altes Fohlen mit der nahrhaften Milch. Neben dieser lebenswichtigen Grundnahrung frisst ihr Nachwuchs aber auch schon Grünfutter und Heu.

Goldhandtamarine leben ganz versteckt in den Urwäldern Südamerikas. Zu sehen sind sie kaum, eher an ihrem vogelähnlichen Gezwitscher zu erkennen. In ihrem dicht eingerichteten Gehege findet sie zwar jeder Besucher, aber das Jungtier ist nur schwer zu entdecken, erst recht wenn es schläft.

Meist trägt das Männchen sein Junges im Nackenfell. Soll es gesäugt werden, drängen sich die Eltern dicht aneinander, damit ihr Nachwuchs zum Weibchen hinüberkrabbeln kann. Im dichten schwarzen Fell wäre davon kaum etwas zu sehen, hätte das Jungtier nicht die helle Stirnzeichnung.

Orang-Utan

Im Menschenaffenhaus herrscht rege Betriebsamkeit. Der für Besucher nicht einsehbare, sonst nur für kranke Tiere genutzte Innenraum muss schnell in einen Spielraum mit Nachtquartier für zwei Affenkinder umgebaut werden, denn der Zoo hat einen kleinen Orang-Utan gekauft. Kletterseile, Schaukel, dazu eine Nestplattform in der oberen Ecke gehören genauso zur Einrichtung wie, fest verschraubt, Tisch und Bank. Jeder Gegenstand muss gesichert sein, nirgends darf etwas hervorstehen, woran sich die herumtobenden kleinen Wesen verletzten könnten. Im Zoo lebt bereits Runda. Das junge Schimpansenweibchen wird der Spielkamerad von Raja werden – die momentan noch im Flugzeug unterwegs ist.

Raja muss die ganze Reise über in einer Kiste verbringen, was ihr gar nicht passt. Lediglich an der Vorderseite, ganz oben, hat dieser dunkle Kasten ein kleines enges Gitter, durch das sie hinausschauen kann. Sie will zu ihrem vertrauten Pfleger, der neben ihrer unbequemen Unterkunft sitzt, aber der redet lediglich beruhigend auf sie ein. Manchmal spielt er auch am Gitter mit ihr. Warum Raja nicht hinaus darf, um zum Beispiel an den Leitungen im Transportraum herumzuklettern, kann sie nicht begreifen. Wohl fühlt sie sich nicht. Dazu trägt auch ihr Nachbar bei, der im zweiten Abteil der Doppelkiste sitzt. Den kennt sie überhaupt nicht, hat ihn nie gesehen. Er riecht fremd, geradezu unangenehm. Mit dem Orang-Utan-Mädchen kommt ein neues Weißhandgibbonmännchen in den Zoo.

Flugstunde um Flugstunde vergeht. Raja erhält, wie der Gibbon, nur durch die engen Gitterstäbe etwas zu essen und zu trinken. Aber sie isst nichts, jault ganz unwillig. Wenigstens auf den Schoß ihres Pflegers will sie. Aber die Tür bleibt zu, auch wenn sie noch so verzweifelt, noch so wütend ist.

Natürlich wird der anstrengende Flug mit der Zeit immer langweiliger. Raja versucht ihre Hand zwischen die Gitterstäbe zu stecken, aber lediglich die Fingerspitzen kann sie hinausstrecken. Das Gleiche probiert der Gibbon von nebenan, für den die Kiste viel zu groß ist, die Gitterabstände ungeeignet sind. Fast die Hälfte seiner schlanken Hand passt hindurch. Er greift um die Zwischenwand nach nebenan. Raja beißt sofort, ängstlich und wütend, in die plötzlich auftauchenden Finger!

Der Tierpfleger schaut gerade auf dem Stadtplan, wo der neue Zoo liegt, und bemerkt nichts! Nun reißt ihn der Aufschrei des Affen aus seinen Gedanken. Erst nachdem das Gibbonmännchen durch seine Worte etwas beruhigt ist, hält dieses die schmerzende Hand hoch. Doch da ist glücklicherweise keine Verletzung zu sehen. Nur ahnen kann der Pfleger, was passiert sein könnte. Nach dem Erlebnis bleiben beide Affen bis zur Landung verstört in der hintersten Ecke ihres Abteils ganz still sitzen.

Bei der Ankunft im Zoo gibt es viel zu tun. Der Gibbon kommt gleich in das Haus, in dem ein Weibchen schon seit längerer Zeit alleine lebt. Auch Raja zieht in ihr neues Heim. Der alte und der neue Tierpfleger haben viel zu besprechen. Die halbe Nacht sitzen sie vor Rajas Unterkunft, die jeden Gegenstand ausprobiert, jede Ecke erkundet. Die beiden Menschenaffenpfleger unterhalten sich über Futtervorlieben, über Rajas Gewohnheiten und ihren bisherigen Tagesablauf. Der kleine Zwischenfall im Flugzeug findet keine Erwähnung. Er ist längst vergessen. Nur für den Weißhandgibbonmann bleibt das Er-

Das kleine Orang-Utan Mädchen auf der Spielwiese. Noch trägt es Windeln wie ein Menschenbaby.

lebte prägend, was der neue Pfleger noch zu spüren bekommen wird.

Beide Affen gewöhnen sich schnell ein. Das Gibbonpärchen turnt nach Ablauf der Quarantänezeit bald ausgiebig auf seiner von einem breiten Wassergraben umgebenen Freianlage, während Raja gemeinsam mit Runda durch ihre Unterkunft tollt. Alle tierärztlichen Untersuchungen bescheinigen ihre Gesundheit, so dass Raja mit ihrem Pfleger in wenigen Tagen zum ersten Mal nach draußen auf die Affenspielwiese darf.

Anfänglich kommt noch regelmäßig ihr ehemaliger Betreuer, um nach ihr zu schauen, was Raja für etwas Selbstverständliches hält. Als dieser aber nicht mehr auftaucht, bemerkt sie es kaum, so beschäftigt ist das Orang–Utan-Kind.

Raja darf sogar in die Affenhausküche. Hier hangelt sie gerne an den warmen Heizungsrohren unter der Decke entlang oder baut aus alten Gardinen ihr Nest unter dem Küchentisch. Am liebsten aber klammert sie sich mit allen Vieren am Rücken des Pflegers fest. Die Wärme und der Körperkontakt tun ihr so gut. Überallhin lässt sie sich tragen und schläft manchmal sogar dabei ein. In die Küche kommt Raja allerdings nur, weil sie aufs Wort gehorcht. An viele Dinge, die es dort gibt, darf sie nicht heran, obwohl sie in ihrem Entdeckungsdrang alles kennen lernen möchte. Aber ihre Sicherheit geht vor. Das Gehorchen ist ebenso Voraussetzung dafür, mit ihr auf die Wiese zu gehen, denn dort gibt es keinen Zaun, keine Gitter oder absperrende Glasscheiben. Wie leicht könnte sie weglaufen, auf einen Baum klettern und nicht mehr herunter kommen, nur weil es ihr dort oben besser gefällt. Aber Raja möchte sich eigentlich immer nur bei ihrem Pfleger aufhalten.

So scheint auch alles in Ordnung zu sein, als die beiden das erste Mal bei ausgesucht schönem Wetter auf die große Wiese gehen. Sie ist eingerahmt von breitkronigen Bäumen, auf der Südseite liegt das Menschenaffenhaus, gegenüber die Rückseite des Gibbonhauses und dazwischen viel Platz, um Neues kennen zu lernen. Raja stakst vorsichtig durch das grüne Gras, riecht an den Gänseblümchen, kostet davon, bohrt vorsichtig in einem Maulwurfsloch … bis plötzlich ihr Pfleger das Affenkind an sich rafft und fortrennt.

Der Gibbonmann ist ausgebrochen! Mit weit ausholenden Armen hat er von einer federnden Baumbusstange zur nächsten auf der Freianlage Schwung geholt, um sich nach einem Riesenschwung im Geäst der Eiche festzuhalten, die außerhalb seiner Anlage neben dem breiten Absperrgraben steht. Mit Wutgeheul stürmt er jetzt von Baumkrone zu Baumkrone heran, was in rasanter Geschwindigkeit geschieht. Sein Ziel ist eindeutig: der kleine Orang-Utan.

Glücklicherweise ist der Gibbon kein Bodentier. Mit seinen überlangen Armen und den kurzen Beinen samt Kletterfüßen kommt der Angreifer anschließend auf der Wiese deutlich langsamer voran. Da hat der Pfleger als langbeiniger Sohlengänger noch eine kleine Chance zu fliehen. Die nächstliegende Rettungsmöglichkeit ist … das Gibbonhaus.

Da die Tiere auf der Außenanlage abgesperrt sind, steht die Haustür zur besseren Belüftung bei schönem Wetter immer offen. In diese Richtung stützt der Pfleger, das ängstlich klammernde Affenkind an seinem Körper. Hinter den beiden her jagt der Gibbon, der doch erstaunlich flink, trotz seiner komischen seitlichen Laufbewegungen, vorankommt. Der Pfleger erreicht das rettende Haus, löst noch den Türstopper und stürzt den Gang entlang. Doch die Außentür federt zurück und rastet unglücklicherweise wieder in der Offenstellung fest ein. Schon hat der Gibbon das Gebäude erreicht. Geistesgegenwärtig reißt der Pfleger den Verschlussriegel der nächstbesten Gibbonunterkunft heraus, stößt die Tür auf und in der nächsten Sekunde hinter sich zu. Von der täglichen Arbeit her beherrscht er diese routinierten Handbewegungen. Jetzt retten sie ihn und den kleinen Menschenaffen. In der geschlossenen Gibbonunterkunft sind die beiden endlich sicher.

Auch wenn der wütende Angreifer nun von außen an den Gitterstäben hängt und versucht, mit seinen langen Armen nach dem Orang-Kind zu greifen – die Geflüchteten kann er glücklicherweise nicht erreichen. Die Situation erscheint kurios. Pfleger und Menschenaffe sitzen im Käfig, der Gibbon tobt auf dem Gang davor. Zum Lachen ist der außergewöhnliche Zustand nicht. Gibbons besitzen lange spitze Eckzähne, wie sie selbst bei Hunden kaum zu finden sind. Zudem können sie ihr Opfer mit vier Gliedmaßen festhalten. Raja heult vor Angst. Sie reißt dem Pfleger das Hemd fast vom Leib. Unglücklicherweise umklammert sie krampfhaft mit ihrem Fuß das am Gürtel hängende Diensthandy, lässt in ihrer Not einfach nicht los, auch nicht für Sekundenbruchteile. Fast gibt es ein Gerangel, bis sie endlich den Griff lockert, um sofort mit dem Fuß Halt am Gürtel zu suchen – nur nicht von ihrem Retter getrennt werden.

Erst jetzt kann der erlösende Hilferuf ins nächste Tierhaus gesendet werden. Eigentlich müssen die Gefangenen nichts befürchten, selbst wenn ihre Befreiung etwas länger dauert. Durch die offene Tür allerdings könnte das Gibbonmännchen jederzeit unbemerkt im Park verschwinden. In den Baumwipfeln wäre es dann niemand möglich, ihm zu folgen.

Aber die Wut des Affen ist zu groß! Er will gar nicht das Weite suchen. Zähne fletschend klebt er am Gitter, ohne den Blick auch nur für einen Moment von dem verhassten Orang-Utan abzuwenden. Das ändert sich schlagartig, als wenige Augenblicke später zwei Pfleger mit Keschern heraneilen. Sie schließen als Erstes die Außentür. Einen Fluchtweg gib es nun nicht mehr. Als der selbstbewusste Gibbonmann die Kescher sieht, schreit er vor Entsetzen. Mit ihnen verbindet er schlechte Erfahrungen von Kistenzwang und Transportstress. Von Wut ist schlagartig nichts mehr zu spüren. Die Pfleger lassen ihm einen Ausweg. Sie öffnen die benachbarte leere Box und treten beiseite. Die Kescher verschwinden hinter ihren Rücken. Nun kann der plötzlich ganz ängstliche Gibbonmann entweichen, um dem unheimlichen Fanggerät zu entgehen. Ganz zögerlich und voller Furcht klettert er unter der Decke an den Gitterstäben entlang, um schließlich blitzartig in der angebotenen Ausweichmöglichkeit zu verschwinden. Schnell ist die Tür geschlossen und die Anspannung fällt von allen Beteiligten ab.

Vier Jahre zuvor erschien dem kleinen Orang-Utan Kind die Badewanne riesengroß. Nun passt er gerade noch hinein.

Sofort fangen die Pfleger auf dem Gang an, ihre Scherze zu machen – ihr Kollege mit dem kleinen Menschenaffen im Gibbonquartier! Erst viel später aber werden alle über die eigenartige Situation lachen können.

Wenn die Besucher zukünftig Raja auf der Wiese zuschauen, wird wohl keinem von ihnen auffallen, dass sich in dieser Zeit immer nur das Gibbonweibchen nebenan auf der Freianlage befindet. Das Männchen muss fortan im Innenkäfig warten, bis die Spielzeit des kleinen Orang-Utans beendet ist.

Die beiden Eisbärengeschwister sind knapp drei Monate alt. Nun kann man sie schon für kurze Zeit von der Mutter trennen, ohne dass für beide Seiten großer Stress entsteht. Nach der Gesundheitskontrolle und Fellpflege können sie, ganz sauber gebürstet, noch etwas auf dem Rasen in der Frühlingssonne spielen.

Eisbären

Es ist ein kühler sonniger Morgen im Februar. Die Eisbären-Zwillinge sind jetzt neun Wochen alt. Die ersten sechs Wochen sind die schwersten für die Kleinen. Stimmt das Mutter-Kind-Verhältnis nicht, ist zum Beispiel die Eisbärin keine fürsorgliche Mutter, gibt es irgendeine Störung oder erkranken die Jungtiere, dann bedeutet das unweigerlich das Ende der Neugeborenen. Bei der Geburt sind Eisbären nicht viel größer als ein Meerschweinchen. Die einzige Möglichkeit für die Kleinen, um auf sich aufmerksam zu machen, besteht im lauten Schreien – ähnlich wie bei unseren Babys. Eisbären-Mütter reagieren darauf normalerweise mit besonderer Fürsorge und Vorsicht.

Die kleinen Eisbären müssen de facto angelegt werden. Vorsichtig fasst die Eisbärin die Jungtiere mit den Lippen, erwischt dabei oft nur ein kleines Beinchen und transportiert es so in die Nähe der Milchdrüsen. Manchmal wird noch etwas mit der großen Pranke nachgeholfen. Die Bärin neigt sich ein bisschen zur Seite und schon geht das aufgeregte Suchen nach den Milchzitzen los. Dann ist es geschafft! Die Mutter gibt eine hochkonzentrierte Milch ab, die die Jungtiere schnell heranwachsen lässt.

Die Eisbären-Zwillinge haben sich bis jetzt prächtig entwickelt. Eine kleine Kamera, die auf winzige Spuren von Licht reagiert, hat dies in den letzten neun Wochen aufgezeichnet. Der Pfleger ist der Einzige, der in dieser Zeit in die Nähe der Wochenstube oder Wurfhöhle kommen darf. Er versorgt die Bären in der Nachbarbox mit Wasser. Die Bärin kennt seinen Geruch, seine Stimme und ist nicht beunruhigt.

Heute nun möchte der Tierarzt sich die kleinen Bären anschauen. Nach der Untersuchung sollen sie auch gleich gewogen werden. Aber zuerst muss man die Mutter von ihren Jungtieren trennen. Die Pfleger haben in den Nachbarboxen Fleisch und Fisch ausgelegt. Die Bärin scheint dies aber nicht besonders zu interessieren. Offenbar ahnt sie, dass wir etwas vorhaben, und bleibt bei ihren Jungen.

Acht Wochen ist dieser kleine Eisbär alt und muss zur Entwicklungskontrolle auf die Waage, was er ganz ruhig geschehen lässt.

Die gewissenhafte Eisbärenmutter Vienna zieht zwei kräftige Jungtiere auf, Venus und Valeska, die sie gerade säugt. Für alle drei ein wohltuendes Gefühl und für die Besucher ein schöner Anblick.

Ich lasse Salat aus der Futtermeisterei holen – Eisbären sind Fleischfresser und so ist Salat nun wirklich nicht ihre Lieblingsspeise … aber sie sind sehr neugierig. Am Monitor in der Wärterstube verfolgen wir über die installierte Kamera angespannt das Geschehen. Die Wurfbox ist über 30 Meter entfernt. Die Eisbärin kann uns also nicht hören, trotzdem flüstern alle. Die Pfleger sind an den Schiebern postiert. Und nun beginnt das Warten. Fünf Minuten, zehn Minuten – und dann macht sich die Bärin plötzlich ganz lang. Sie will dieses grüne Etwas in Augenschein nehmen. Weit vor streckt sie sich, lässt aber ein Hinterbein immer noch unter dem Schieber der Wurfbox. Ganz lässig würde sie mit dieser Tatze den Schieber abfangen und wieder nach oben drücken können. Doch dann siegt die Neugier. Die Bärin geht nach vorn, die Pfleger lassen die Schieber runter und für uns beginnt die Uhr zu laufen. Wir haben ungefähr fünf bis zehn Minuten Zeit, dann wird die Bärin unruhig werden und mit Macht versuchen, wieder in die Wurfbox zu ihren Jungen zu gelangen.

Die Pfleger sind ein eingespieltes Team. Sie holen die Kleinen aus der Box und packen sie in einen mit Stroh gefüllten Korb. Der Tierarzt ist zufrieden – guter Allgemeinzustand, mit den Augen ist alles in Ordnung und der Nabel perfekt. Das Geschlecht, welches die Tierpfleger schon beim Herausnehmen bestimmt haben, wird noch einmal bestätigt: Es sind zwei Eisbären-Mädchen. Das anschließende Wiegen erfolgt getrennt und so landet einer der Eisbären bei mir auf dem Arm. Ich fühle, wie hart das Fell ist. Ganz anders als man es erwarten würde. Aber dies ist für einen Rostocker Zoodirektor nichts Unbekanntes.

36 Eisbären hat der Zoo Rostock in den vergangenen 50 Jahren aufgezogen und führt deshalb mit Recht das Internationale Eisbären-Zuchtbuch. Nur einen Bären haben wir mit der Hand aufgezogen. Handaufzuchten sind eben nur die zweitbeste Lösung und man muss sehr sorgfältig abwägen, bevor man sich dafür entscheidet. Meistens ist es besser, bis zur letzten Sekunde der natürlichen Aufzucht eine Chance zu geben.

Das Eisbären-Mädchen auf meinem Arm beginnt zu zittern, das macht die Aufregung, aber auch die Kühle des Februars. Kleine Eisbären mögen es eben noch kuschelig warm, also wird es Zeit, die Kinder zurück zu ihrer Mutter zu bringen. In der Wurfbox reiben die Pfleger die Bären mit dem Stroh der Bärin ab, um alle Gerüche von Tierarzt und Waage und Zoodirektor zu vertreiben. Nun werden die Schieber hochgezogen und die Mutter kommt wieder in die Wochenstube. Am Monitor sehen wir, wie sie behutsam die Jungen beschnüffelt. Eine Minute später ist alle Aufregung vergessen.

In zwei Monaten werden die kräftigen Jungtiere mit ihrer Mutter die Wurfhöhle verlassen und auf die Außenanlage gehen. Vorher haben wir aus über 1 000 Zuschriften die Namen für die Zwillinge ausgewählt. Sie heißen Venus und Valeska. Aber das ist dann schon wieder eine andere Geschichte.

Die Eisbärenjungen Venus und Valeska toben miteinander. Ihr Lieblingsspiel ist, wie bei allen Beutegreifern, das Kämpfen. Aber sie üben auch Anschleichen, Auflauern und Angreifen.

Der tiefe, breite Wassergraben um die Außenanlagen der Bärenburg dient nicht nur als unüberwindbare Absperrung. Er ist für die Tiere zugleich Badebecken und ganz besonders für die kleinen, vier Monate alten Eisbären der beliebteste Platz zum Toben.

Schwimmen zu können ist Eisbärenjungen angeboren und in der Wildbahn eine wichtige Voraussetzung, um mit der Mutter auf Wanderschaft zu gehen und Robben zu jagen. Im Zoo schwimmen sie auch, planschen aber lieber im Flachwasser.

Der Tag auf der Freianlage besteht aber nicht nur aus Aktivität. Kaum hat sich die Eisbärenmutter Vienna hingelegt, kommen die abgekämpften Jungen heran, um in ihrem Schutz auszuruhen.

Lange dauert es dann nicht, bis die Kleinen trotz des hellen Sonnenlichtes tief und fest eingeschlafen sind. Ihre Schlafpausen am Tag währen aber nicht lange. Schon bald werden sie wieder über die Anlage jagen oder im Wasser spielen.

Unter der Raufe, wo kaum ein wärmender Sonnenstrahl hingelangt, hat sich das Renkalb den besten Schlafplatz im weichen Heu gesucht. Die Augen schließt es aber nur kurz, eher ruht es hier und beobachtet die Umgebung.

Rentier

Weithin ist das Ratschen des Laubbesens im morgendlich leeren Zoo zu hören. Der Huftierpfleger säubert das Moorantilopengehege. Einen Besenstrich neben den anderen gesetzt, verschwindet alles, was bis zum Erscheinen der ersten Besucher entfernt sein soll. Nur gelegentlich gleitet der Blick über die Tiere um ihn herum. Dabei bemerkt er mich, den Fotografen am Rentiergehege gleich nebenan, der versucht, zwischen den Stäben des Zaunes hindurch, mit der Kamera ein gutes Bild zu erhaschen. Die Besucherabsperrung stört, muss aber akzeptiert werden. Obwohl ich das große Teleobjektiv benutze, bleibt die Fotojagd erfolglos. Der Gitterabstand ist zu eng oder der vordere Linsendurchmesser zu groß.

Die Rentiere laufen ständig unruhig im schattigen Gehege hin und her. Die ganze Situation ist ungünstig. Bald müsste es Futter geben! Nach einer halben Stunde, als der Pfleger zu den Rentieren kommt, stehe ich immer noch ziemlich hilflos da, ohne jedes zufriedenstellende Bildergebnis.

Kaum klappert das Revierschlüsselbund, eilen die Rentiere zur Tür auf der einen Seite des Zaunes, ich stehe sogleich neben dem Pfleger auf der anderen Seite. »Na, wollen Sie mit ins Gehege kommen?« Ich bin ganz überrascht, mit diesem Angebot hätte ich niemals gerechnet: »Oh gerne, ist das so ohne Weiteres möglich?« Der Pfleger nickt: »Rentiere sind ganz zutrauliche Haustiere, denen ist es ganz egal, ob ein oder zwei Personen ins Gehege kommen. Sie wollen nur ihr Futter. Aber Moment mal, ich rufe erst an.« Mit dem Diensthandy ist schnell die Erlaubnis eingeholt. Ich soll mich nachher in der Tierpflegeinspektion vorstellen.

Was für ein erhebendes Gefühl, wenn die Tür zufällt und man als Fremder mitten unter den Rentieren steht. Ihr eigenartiges

Weit entfernt vom Besucherweg findet das Rentier für sich und sein Kalb Ruhe und Abgeschiedenheit im Stall.

Knacken in den Fußgelenken, das bei jedem Schritt zu hören ist, das weiche Fell, der fremdartige Geruch und die großen dunklen Augen sind ganz nah. Zutraulich, vielleicht auch etwas neugierig beschnüffeln sie den Neuankömmling. Ich traue mich ganz verunsichert keinen Schritt weiter. Umringt von der ganzen Gruppe stehe ich fasziniert da. Den Tieren reicht das kurze Bekanntmachen offenbar aus. Bald schon laufen sie dem Pfleger hinterher, der in seiner Karre eine Kiste Futter zum Stall bringt. Heu können die Rentiere immer aus der Raufe fressen, aber das saftige Futter bekommen sie nur einmal täglich.

Ihr Besuch interessiert sie gar nicht mehr. Als der Pfleger nach dem Füttern zum Saubermachen weiter ins Gehege geht, deutet er vielsagend in den Stall: »Aber ganz vorsichtig!« Die Tiere folgen ihm zwischen den Eichen hindurch auf die weitläufige Anlage.

Was mag der Mann nur gemeint haben? Erst zögernd, dann neugieriger werdend, schaue ich ganz langsam um die Ecke in das Dämmerlicht des Rentierhauses. Dort steht ein Weibchen alleine im Halbdunkel. Von ihrem Kopf rinnt ein Blutstropfen herab, der aus einer daumennagelgroßen hellroten Stelle auf der Stirn stammt. Zuerst bekomme ich einen Schreck, doch dann wird mir klar – das Ren hat soeben seine Geweihstange abgeworfen, was etwas völlig Normales ist. Sie muss hier noch liegen. Mit den Augen taste ich im matten Licht des schwarzbraun gestrichenen Holzhauses umher, entdecke aber etwas wesentlich Wichtigeres, viel Schöneres. Versteckt hinter dem Weibchen schläft zusammengerollt ein wenige Tage altes Renkalb. Mit seinem dunklen Fell, halbverborgen im Stroh liegend, fällt es kaum auf. Doch halt, das Weibchen hat den fixierenden Blick bemerkt. Schon legt die Mutter ihre Ohren an, senkt den Kopf wie alle kampfbereiten Geweihträger, obwohl ihr Haupt seit kurzem ganz kahl ist. Dichter darf der Unbekannte nicht heran!

Hier kann nur die Zeit helfen. Ich setze mich ganz langsam in sicherem Abstand gleich an der Stallecke ins Stroh. Dadurch wirkt die vorher aufrechte menschliche Gestalt nicht mehr so bedrohlich groß. Auch beginne ich mit beruhigender Stimme zu erzählen. Das Weibchen muss erst Vertrauen gewinnen, dann gelingen vielleicht gute Bilder. Sie versucht mit erhobener Nase Witterung zu bekommen, was im zugfreien Stall nicht gelingt. Ganz kurz kommt sie schließlich heran, schnuppert, um sofort wieder in der hintersten Ecke vor dem Kleinen zu wachen. Das neben der Tür jemand ganz ruhig sitzt, kennt sie nicht. Mit dem großen Vorderbein stößt sie ihr Junges mehrfach an, will, dass es aufsteht.

Noch ganz verschlafen, ohnehin unsicher auf den Beinen, taumelt das Kalb wie gefordert bis zur nächsten Stallecke, klappt zusammen, um sogleich wieder einzuschlafen. Den eigenartigen Gast hat es gar nicht bemerkt. Für mich ist der neue Schlafplatz wie bestellt. Dort, wo das kleine Rentier jetzt liegt, herrscht ein wunderbar weiches Licht, das durch den Stalleingang ins Innere dringt.

Auch dem Weibchen scheint die neue Situation deutlich besser zu gefallen. Von hier aus kann sie unbehelligt jederzeit schnell mit ihrem Kind ins Gehege entwischen. Aber sie schaut nur zu, wie der Fotograf, langsam immer näher kommend, seine Aufnahmen macht. Erst als die Kamera am ausgestreckten Arm so nah heran ist, dass der Atem des Renkalbes die Frontlinse des Makroobjektives beschlagen könnte, ruft sie ihr Junges und beide verlassen das Haus.

Nun ist das Kleine munter. Im Außengehege untersucht es ganz alleine alles Entdeckenswerte. Die aufgeschichteten Knabberäste, das Riesenbastgeweih des Männchens, eine kleine Sandmulde genauso wie die interessant riechenden Futtertröge. Doch bald legt es sich nach dem spannenden Rundgang ins

Unbekümmert wächst das junge Ren heran. Wie die erwachsenen Rentiere zeigt es bei den Unternehmungen im Gehege keinerlei Scheu. Aber jetzt beim Trinken, als der Fotograf immer dichter herankommt, beobachtet es ihn ganz genau.

weiche Heu unter die Raufe, mitten im Gehege. Schon wieder schläft es ein.

Ich habe wie besessen jede Bewegung im Bild festgehalten, kaum den Finger vom Auslöser genommen, ständig dem Jungtier auf der Spur. Wer erhält schon eine derartig ideale Gelegenheit, ohne störende Zäune so ein niedliches Renkalb ablichten zu können.

Nur eines ist in Vergessenheit geraten. Was mir so unendlich wertvoll ist – der Rucksack mit den vielen teuren Objektiven – ist unbewacht. Offen liegt er an der Stallecke. Ich bin inzwischen weit im Gehege, kauere neben einem Baum, liege kurz im Heu, achte nur auf das Renkalb. Während ich meine Traumfotos bekomme, schlägt, von mir unbemerkt, die Rentiermutter mit ihren bestimmt nicht ganz sauberen, scharfkantigen Schneeschaufelklauen ständig auf die blanken Glasaugen – Fremdkörper gehören nicht ins Gehege. Erst dem Tierpfleger fällt das eigenartige Geräusch vom Stall auf. »Retten Sie Ihre Fotosachen!«, ruft er aus der hinteren Geländeecke. Einen Moment benötige ich schon, um wieder in der Realität anzukommen, denn den Fotoapparat habe ich ja in den Händen. Nun erfasse ich die Situation, stürze sofort los und verjage das Ren. Was für ein schlimmer Anblick, der viele Dreck in meinem sonst immer peinlich sauberen Rucksack. Treffliche Bilder habe ich bekommen, aber auch eine schöne Bescherung erlebt.

Den nordischen Rentieren sind heiße mitteleuropäische Sommer unangenehm. Im schattigen Gehege fühlt sich das Kalb aber wohl.

Schnee-Eulen

Endlich brüten die Schnee-Eulen! Drei Jahre lang mussten die Vogelpfleger darauf warten. Zwei grau-weiß gestreifte Jungtiere haben sie damals in die neue Voliere gesetzt, wo sie Felsen als erhöhte Sitzplätze vorfanden, grüne Matten, den wichtigen Futterplatz, ihre Badegelegenheit sowie eine regensichere, windgeschützte Ecke. Nun ist das Pärchen erwachsen, trägt das weiße Alterskleid mit den schwarzen Tupfen. Es fühlt sich wohl, was die Brut beweist.

Die hinterste Volierenecke haben die Vögel als Platz für ihr Nest ausgesucht und dort eine Kuhle ausgescharrt. Bald liegt das erste, fast kugelrunde, schneeweiße Ei darin. Gleich mit der Ablage bleibt das Weibchen, wie bei Schnee-Eulen üblich, im Nest, um mit der Brut zu beginnen.

Manche Besucher entdecken im Vorübergehen das tief in der Nestmulde brütende Tier auf dem Erdboden gar nicht, obwohl es durch das weiße Gefieder bemerkt werden müsste. Ganz unauffällig folgen im Abstand von jeweils zwei Tagen die nächsten Eier, bis schließlich ihr Sechsergelege vollständig ist. Das Männchen beteiligt sich nicht direkt an der Bebrütung der Eier, versorgt aber sein Weibchen mit Futter. Eifrig trägt es ihr die toten Futtermäuse an den Nestrand oder übergibt sie sogar. Anschließend thront der Eulenmann stundenlang auf dem höchsten Sitzplatz der Voliere, um seine Partnerin zu bewachen. In der Obhut des Zoos besteht dafür eigentlich keine Notwendigkeit. Aber Schnee-Eulen sind Wildtiere und in ihrer natürlichen Heimat, der arktischen Tundra, leben Polarfüchse, Wölfe und Steinadler, die für die Brut gefährlich werden können. Das angeborene Schutzverhalten legen die Tiere im Zoo nicht ab.

Genau dreißig Tage harrt das Weibchen nun über dem Gelege aus. Die Jungen könnten bald schlüpfen! Während der ganzen Brutzeit von Ende Mai bis zum Monatsende Juni herrschte fast Sommerwetter.

Und nun regnet es seit Tagen den typischen Siebenschläferregen. Nacheinander, dem Legeabstand entsprechend, müssten die Küken unter dem Altvogel geschlüpft sein, falls die Eier überhaupt befruchtet waren. Die Brutzeit ist vorbei! Besorgt schaut der Pfleger morgens und abends zum Weibchen. Hätte das Paar nicht die trockene Stelle unter der Überdachung für ihr Nest aussuchen können? Schnee-Eulen erleben in ihrem natürlichen Verbreitungsgebiet nur ganz wenige Sommerniederschläge. Im Verhalten sind verregnete mitteleuropäische Sommer nicht vorgesehen. Jetzt ist es zu spät, Schutzplatten an den Seiten zu befestigen und einige aufs Dach zu legen. Die Tiere könnten durch die Störung ihre Brut aufgeben.

Das Weibchen harrt pausenlos aus, trotz des Regens, der zwar gelegentlich aufhört, aber nach wenigen Stunden schon wieder beginnt. Das Gefieder schützt zwar, doch im Laufe der Tage sieht es mehr und mehr durchnässt aus.

Ihr Männchen trägt reichlich Mäuse ans Nest. Ein ganzer Ring fein säuberlich abgelegter »Beutetiere« umgibt es bereits. Von dem Futter verschwindet mittlerweile deutlich mehr als in der Brutzeit, was auf geschlüpfte Junge hindeutet. Auch liegt das Weibchen nicht mehr so flach in der Nestmulde, mit lockerem Gefieder hudert es. Für den Tierpfleger sind der erhöhte Futterverbrauch und die Huderhaltung ein klares Zeichen für Nachwuchs, der geschützt unter der Schnee-Eulen-Mutter verborgen bleibt. Nur, wie lange noch? Nie trocknet das Weibchen ab. Das Gefieder hängt von Tag zu Tag mehr in nassen Strähnen herab. Wieder hofft der Pfleger auf das Ende der Regenschauer, obwohl

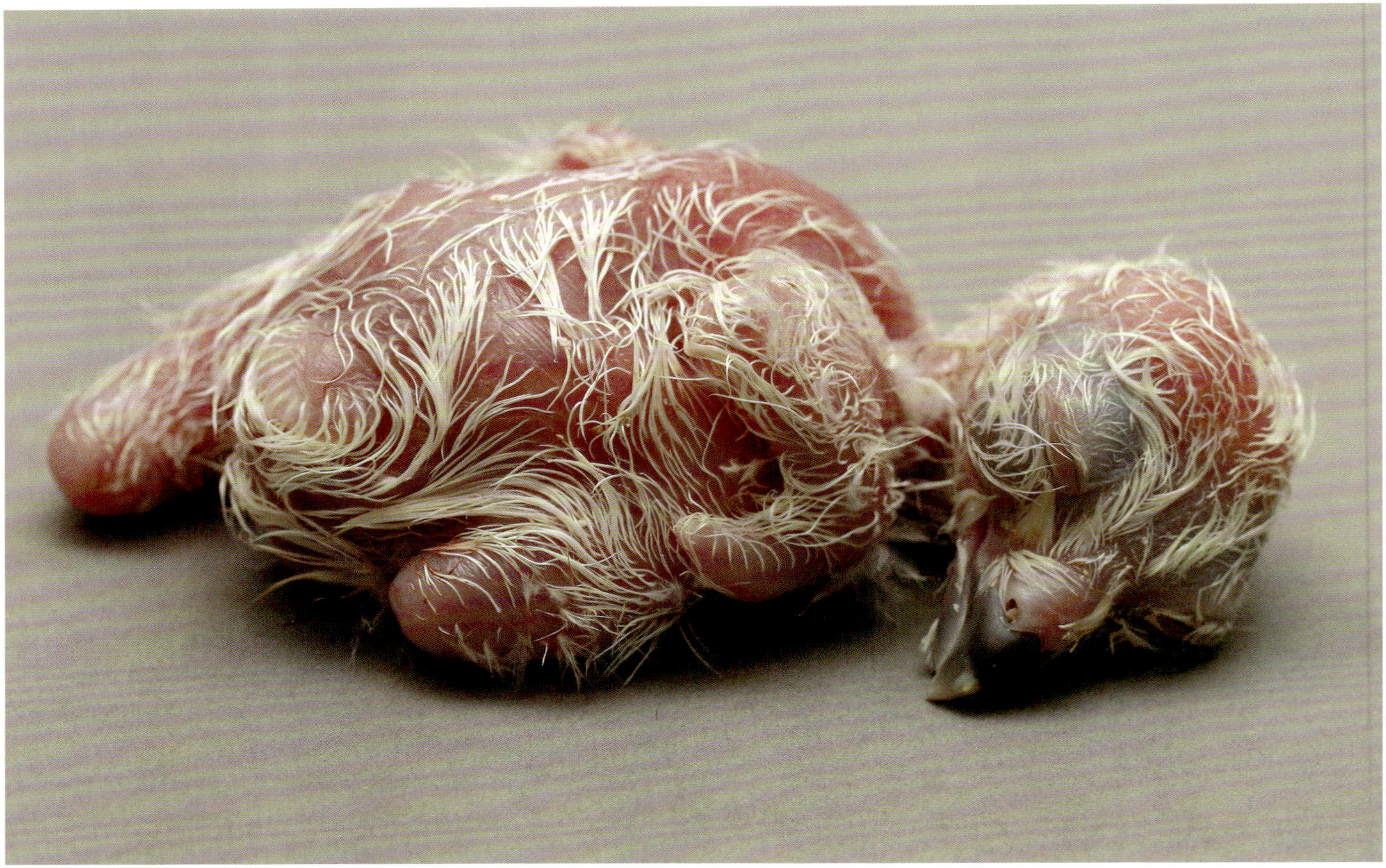

Dieses hilflose Schnee-Eulenküken ist erst einige Minuten alt. Noch ganz feucht und erschöpft vom anstrengenden Schlupfakt schläft es.

der Wetterbericht ihm eigentlich keine Hoffnungen macht. Es könnte ja sein, dass der Zoo verschont bleibt, wünscht er sich zum Feierabend. Noch scheint alles gut zu gehen.

Irgendwann, in der nächtlichen Dunkelheit, schreckt der Mann zu Hause auf! Vom Himmel fällt der Regen in unbeschreiblich dicken, großen Tropfen. Der scharfe Wind drückt ihn prasselnd gegen die Fensterscheibe. Mit dem ersten klaren Gedanken ist der Pfleger sogleich bei den Schnee-Eulen. Kann das Weibchen dieses Unwetter überhaupt noch in ihrer Ecke aushalten? Schwimmen Eier und Junge bereits im Wasser oder liegt der bedauernswerte Vogel steif und unterkühlt über der Brut? Vielleicht schüttet es im Zoo auch weniger als hier vor dem Fenster –

Ihre Entwicklung geschieht, entsprechend dem kurzen arktischen Sommer in ihrem natürlichen Verbreitungsgebiet, sehr schnell. Bei den zehn Tage alten Schnee-Eulen sprießt jetzt bereits das zweite, dichte Dunenkleid.

die Gedanken kreisen … Jetzt hat es keinen Sinn aufzustehen, der Zoo ist geschlossen. Aber eine Stunde vor Arbeitsbeginn erscheint immer jemand vom Wachdienst, der das Dienstgebäude öffnet. Das will der Tierpfleger nutzen, stellt den Wecker viel früher als sonst. Schlafen kann er ohnehin kaum noch, wartet eher, bis das sonst so gehasste Klingeln einsetzt.

Der Wachmann staunt nicht schlecht, dass bei solch einem Wetter bereits ein Kollege ungeduldig vor dem Dienstgebäude auf ihn wartet, wo er in dieser frühen Stunde doch sonst immer alleine ist. Sofort greift der Vogelpfleger nach seinem Revierschlüssel, wirft sich lediglich die Regenjacke über, zieht nicht einmal Arbeitssachen an, sondern fährt mit dem Rad unverzüglich zur Voliere.

Schon von Weitem sieht er, was in der Nacht nur Phantasiebilder waren: Das Weibchen liegt völlig durchnässt flach am Boden unter dem Schutzdach. Neben ihr hält das Männchen Wache. In der Nestmulde sieht es schrecklich aus. Vier Eier liegen neben zwei Küken, die nur noch verzweifelt im Schlamm rudern. Dazwischen schwimmen heruntergefallene Futterbrocken – und zum größten Entsetzen krabbeln überall Fliegenmaden! Unerschrocken zieht der Pfleger seine Regenjacke aus, sammelt darin die ganze Brut zusammen und bemerkt dabei die erstaunliche Vitalität der Küken. Das Weibchen muss erst vor Kurzem ihr Nest aufgegeben haben, um das eigene Leben zu retten. Ganz behutsam hebt er den fast bewegungsunfähigen Vogel auf und nimmt ihn unter den Arm. Im Eilschritt bringt er das ganze Bündel in den Aufzuchtraum.

Dort verbreiten Rotlichtlampen angenehme Wärme. Das erschöpfte Weibchen bleibt sogleich wehrlos unter dem wohltuenden rötlichen Lichtkegel liegen. Alle Eier, die fast noch handwarm sind, kommen abgespült in den Brutapparat. Nur die kleinen Schnee-Eulen bereiten Probleme. Die Fliegenmaden müssen wie der Schmutz aus dem hellgrauen Daunenkleid entfernt werden. Überall kleben noch weitere Fliegeneier. Mit warmem Wasser putzt der Pfleger hier und da, muss sogar eine Pinzette nehmen, um die gefährlichen Maden und Eier zu entfernen. Rachen, Ohröffnung, Augenwinkel – jede Stelle, die ein Schlupfwinkel sein könnte, untersucht er argwöhnisch.

Bald liegen die einigermaßen sauberen, erschöpften Eulenbabys unter dem wärmenden roten Licht. Mehr Strapazen darf er den Überlebenden zu diesem Zeitpunkt nicht zumuten. Sie schlafen sogleich ein.

Erst jetzt kann der Vogelpfleger beruhigt seinen Dienst beginnen. Als er nach einer Stunde in den Brutraum geht, scheint die Krise bereits überwunden zu sein. Die alte Schnee-Eule steht hechelnd mit ausgebreiteten Flügeln in der hintersten Ecke. Das ganze Federkleid ist trocken. Ihr ist die Leben spendende Wärme bereits zu viel.

So erholt kann sie gleich in die Voliere zurück. Für sie ist die Brutsaison beendet. Nun darf es den ganzen Sommer lang ununterbrochen regnen. Das Pärchen wird trocken unter der Überdachung sitzen.

Als der Tierpfleger nach den beiden Küken schaut, liegen diese weiterhin ganz ausgestreckt und schlafen tief. Nach ihrem Überlebenskampf und der anstrengenden Behandlung brauchen sie dringend die Erholung. Das Thermometer neben ihnen zeigt 32 Grad Celsius – eine Temperatur, die der unter dem wärmenden Gefieder der Mutter entspricht.

Geht es den Kleinen wirklich gut, wie sie so flach daliegen? Einen kleinen Moment überlegt der Mann, doch kaum tippt er ganz vorsichtig mit seiner Fingerspitze die winzigen Schnäbel an, schnellen die Küken hoch. Sofort gieren beide mit erhobenen Köpfchen nach Futter – das beste Zeichen, dass auch bei ihnen die Krise überwunden ist.

Erst wenn aus dem grauen Dunenkleid das schwarz-weiße Gefieder gewachsen ist und der watteähnliche Gesichtsschleier die stechend gelben Augen umrahmt, wirkt die ausgefärbte Schnee-Eule sehr beeindruckend.

Seebären

»Öökk-öökk-öökk«, klingen kehlige Laute durch den Zoo. Fast aus der Urzeit könnten die kaum nachzuahmenden Rufe stammen. Sie gehören zu einem Tierpark wie das Brüllen der Löwen, das die Männchen ertönen lassen, kaum dass der Morgen begonnen hat. Oder das zur gleichen Zeit in Moll vorgetragene Miauen der Pfauen, die tags frei herumlaufen, aber die Nacht im Wipfel ihres Schlafbaumes verbringen. Der nicht mit Buchstaben zu beschreibende Gibbongesang, den man bis in die Stadt hinein vernehmen kann, ist ebenfalls charakteristisch für jeden Zoo.

Das fast grunzend klingende, wiederholte »öökk« hallt schon tief durch den Wald, ehe man auf einer Lichtung zur großen Seebärenanlage gelangt. Hier lebt eine Gruppe jener Tierart, die in freier Natur in großen Kolonien an der Felsenküste Südafrikas beheimatet ist. Fast die gesamte Fläche ihres Geheges nimmt das Wasserbecken ein. Das Landstück ist dagegen schmal, eben wie der Strand am Meer. Seebären brauchen viel Platz im Wasser. Dort schwimmen und tauchen sie stundenlang, jagen einander oder pflegen ihr Fell. Fast ihr ganzes Leben findet im kühlen Nass statt. Auf dem Beckenrand liegen sie nur kurz, um die warme Sonne zu genießen und das Fell einmal zu trocknen. Dafür benötigen sie nur wenig Raum.

Hier fällt Ronn, das Seebärenmännchen, besonders auf. Er ist dreimal so groß wie ein Weibchen, von denen fünf mit ihm zusammen leben – was man bei den unter Wasser durcheinander schwimmenden Tieren kaum feststellen kann. Ronn hat die tiefste und lauteste »Öökk«-Stimme!

Wer aber genau den hellen Beckenrand mustert, wird einen kleinen schwarzen Punkt entdecken. Das ist der jüngste Nachwuchs bei den Seebären. Die Pfleger nennen ihn Point, was auf Deutsch Punkt bedeutet – so klein wirkt er auf der Anlage. Point sah gleich nach der Geburt den erwachsenen Seebären sehr ähnlich. Das Fell ist etwas weicher und gleichmäßig dunkelbraun, wenn es trocken ist. Nur der Kopf erscheint deutlich runder als bei den Alttieren. Auch sind die Flossen unverhältnismäßig riesig im Vergleich zu seiner Babygröße. Der kleine Seebär kann eigentlich gleich ins Wasser und losschwimmen. Aber er tut es nicht gerne. Viel lieber liegt Point an Land und schläft zufrieden.

Das war nicht von Anfang an so! Kap, das zierlichste und flinkeste Weibchen, bekam zum ersten Mal ein Jungtier. Ganz erstaunt betrachtete sie nach der problemlos verlaufenen Geburt ihr Baby, ohne zu wissen, was sie damit anfangen sollte. Kap bestupste es, schnüffelte daran herum und sprang dann lieber zu den anderen ins Wasser. Ganz agil, wie der Instinkt es vorschreibt, rief das hilflose Seebärenbaby nach seiner Mutter. Kein tiefes »öökk« lies es hören, sein Ruf war ein angstvolles, helles Quaken. Niemand kam zu ihm!

Der kleine Point wollte zu seiner Mutter, musste unbedingt Milch trinken. Er brauchte ihren Schutz. Neugeboren alleingelassen zu sein, bedeutet in der freien Natur den sicheren Tod für ein kleines Seebärenbaby! Er robbte ins Wasser! Mit seinen großen Flossen konnte der Winzling aber noch nicht umgehen. Er ruderte wild umher, hatte zu tun, mit dem Kopf über Wasser zu bleiben, um im richtigen Moment auch Luft holen zu können. Im großen Becken verlor Point völlig die Orientierung, wusste nicht mehr, an welcher Stelle das sichere Land zu erreichen war. Die erwachsenen Seebären interessierten sich zwar für das Jungtier, aber als zuständig galt die Mutter.

(Weiter auf Seite 36)

Seebären gehören zu den Ohrenrobben. Bei den Erwachsenen, erst recht im trockenen Fell, fällt das äußere Ohr kaum auf. Aber bei einem Jungtier, das gerade aus dem Wasser kommt, stehen sie ganz deutlich ab.

Der kleine Seebär Point ist zum Spielen aufgelegt. Nachdem er ausgelassen im Wasserbecken hinter den anderen hergejagt ist, schwimmt er in den flachen Bereich, um von hieraus an Land zu robben.

Doch hier hat er Ronn, das große Männchen, entdeckt, das in der Sonne döst. Mit einem scheinbar gefährlichen Biss fordert ihn Point zu spielen auf, wozu der träge Bulle aber gar nicht aufgelegt ist.

Obwohl alle Pfleger ihre Tiere immer gleich behandeln, gibt es schon Sympathien …

… und Antipathien, nimmt man den kleinen Seebären auf den Arm, wenn der das nicht will.

Endlich kam dem ziellos planschenden Jungtier ein altes erfahrenes Weibchen zu Hilfe. Point hätte ertrinken können! Gekonnt, aber vorsichtig packte sie den Kleinen mit ihren Vorderzähnen im Nackenfell und brachte ihn wieder an Land. Sofort begann das Quaken, dieser durchdringende Hilferuf des Nachwuchses. Das Weibchen, welches bereits drei Jungtiere erfolgreich aufgezogen hatte, blieb neben dem Neugeborenen liegen, um ihm wenigstens Schutz zu bieten.

Kaum war Point von dem Schrecken im Wasserbecken erholt, suchte er nach der lebensnotwendigen Milchquelle. Ganz in-

Unmittelbar nach der Geburt und in einem kurzen Zeitraum danach prägen sich Mutter und Jungtier durch Stimme und Geruch aufeinander. In dieser Phase benötigt das Muttertier unbedingt Ruhe. Erst später nimmt der Pfleger Kontakt zum Jungen auf.

stinktiv tat er das sogar an der richtigen Stelle. Auch das Weibchen drehte sich zur Seite in die Säugehaltung. Aber da war nichts zu holen. Wieder erschallte das babyhafte Rufen über die ganze Anlage. Außer Ronn, den das alles gar nicht interessierte, kamen nacheinander alle Seebären, schnüffelten und bestupsten wieder das Jungtier. Doch für sie blieb das ein Fremdling, der sie im Grunde nichts anging. Lediglich die Mutter verweilte länger, war durchaus interessiert und legte sich sogar wie das ältere Weibchen neben ihr Junges. Aber im nächsten Moment erschien ihr das Treiben im Wasser wichtiger. Wieder tauchte sie ab und verschwand unter der Oberfläche. Ob sie überhaupt Milch hatte?

Fast der halbe Tag verging, das Jungtier hätte längst trinken müssen, da trat langsam eine Veränderung bei der Mutter ein. Die Hilferufe des Kleinen wurden schwächer, die Abstände länger. Immer wieder kam Kap an Land. Das Neugeborene schien sie mehr und mehr zu beschäftigen. Wahrscheinlich brauchte sie längere Zeit, um zu begreifen, dass eine entscheidende Veränderung in ihrem Leben eingetreten war.

Für ihr Junges verstrich ebenfalls die Zeit, viel zu viel, denn es hatte keine Reserven. Immer schwächer bewegte sich der Kopf bei der erfolglosen Suche nach Nahrung. Da kam Kap endlich wieder an Land. Plötzlich legte sie sich genauso hin wie das andere Weibchen. Point suchte schon gar nicht mehr bei der still daliegenden Tante. Aber die flinken Bewegungen auf der anderen Seite regten ihn doch wieder an, dort eine Milchquelle zu entdecken. Nasenspitze und Mundpartie wuselten durch das Fell, bis sie endlich fündig wurden! Das Weibchen lag ganz still. Genussvoll begann Point zu schmatzen und durch den ganzen Körper der Mutter zog ein wohliges Gefühl. Jetzt hatte sie ihr neues Dasein begriffen. Und das Seebärenbaby wurde satt!

Seit diesem Moment verläuft die Aufzucht ganz normal. Zwar wächst der kleine Seebär ganz langsam, aber im Alter von wenigen Tagen übt er schon Schwimmen und Tauchen, stets begleitet von der aufmerksamen Mutter. Nach derartig anstrengenden Ausflügen liegt er anschließend immer am Beckenrand, lässt sein Fell trocknen und schläft zufrieden. Am liebsten aber klettert er auf den einzigen Stein, der am Ufer liegt. Gerade mal so hoch wie eine Treppenstufe, mit ausreichend Platz für ihn, wirkt Point wirklich wie der Punkt auf der Anlage. Schließlich ist er ja auch das i-Tüpfelchen bei den Seebären.

Fast das gesamte Seebärenleben findet im Wasser statt. Trotzdem müssen nach dem Fressen Maul und Gesicht mit den Vorderflossen »abgewaschen« werden.

Säbelschnäbler

In einer großzügigen Gemeinschaftsvoliere leben die Säbelschnäbler. Den Besuchern fallen sie sogleich auf. Taubengroß, mit wunderschön kontrastreichem, schwarz-weißem Gefieder stehen sie auf überlangen silbergrauen Stelzenbeinen. Ihr schwarzer, aufrecht gebogener Pinzettenschnabel ist so dünn an der Spitze, dass man schon genau hinschauen muss, wo er eigentlich aufhört. Die Vögel sind derart grazil und schön, dass man fast meinen könnte, sie stammten aus einem Märchen.

Aber die Säbelschnäbler sind keine Phantasiewesen, sie gehören in die Verwandtschaft der Strandläufer. Wie eine Strandlandschaft mit Seesanddünen ist dementsprechend ihre Voliere eingerichtet. Heidekrautquartiere wechseln mit kurzrasigen Flächen, offene Sandplätze mit Strandhaferquartieren. Dazwischen liegen kleine Lagunen oder größere Teiche, auf denen seltene Entenarten schwimmen. In dieser Voliere leben neben den Säbelschnäblern weitere Strandläuferarten, die es auch an der Ostsee gibt, aber nur noch auf wenigen Seevogelinseln, wo sie ihre Jungen in Ruhe aufziehen können. Diese Eilande dürfen aus Schutzgründen nicht betreten werden.

Durch die Seevogel-Voliere im Zoo hingegen verläuft ein Besucherweg, von dem aus man alle Tiere gut beobachten kann – so auch die Gruppe der Säbelschnäbler. Die Tiere haben Paare gebildet und die Voliere unter sich in unsichtbare Reviere aufgeteilt. Irgendwo im Strandhafer versteckt hat jedes Paar sein Nest.

Regelmäßig, wie bei allen Strandläuferarten, den sogenannten Limikolen, legt das Weibchen im Mai vier Eier, die ganz exakt mit den spitzen Enden zueinander in der einfachen, mit Halmen gepolsterten Nestmulde liegen. Die Tierpfleger lassen sie ungestört brüten. Das ist viel wichtiger als zu wissen, wo das Gelege verborgen liegt, ob tatsächlich vier Eier vorhanden sind. Entscheidend ist die Anzahl der Küken, die nach 23 Tagen Brutzeit schlüpfen. Besonders kurz davor benötigt das Paar Ruhe, denn aus den angepickten Eiern piepsen bereits die kleinen Jungen. Die Alten antworten mit Locktönen. Obwohl die Küken noch gar nicht geschlüpft sind, lernen sie bereits die Rufe ihrer Eltern kennen und diese wiederum die Stimmen ihrer Kinder. Das sichert den Familienzusammenhalt, denn fremde Säbelschnäbler haben eine andere Stimmlage. Für das menschliche Gehör aber ist kein Unterschied feststellbar.

Die Säbelschnäblerpaare haben zeitgleich gebalzt, Eier gelegt, mit der Brut begonnen – und nun schlüpfen die Jungen innerhalb weniger Tage. Als beim ersten Ausflug drei Familien gleichzeitig ihre Daunenknäule auf den Besucherweg führen, der eigentlich die Reviergrenze darstellt, gibt es Streit. Die alten Säbelschnäbler flattern aufgeregt hin und her, warnen ständig, jagen sich sogar gegenseitig. Alles läuft durcheinander! Dicke bunte Prachteiderenten watscheln über den Weg, Besucher stehen da, freuen sich über die winzigen herumflitzenden Säbler im Tarnanzug, Inkaseeschwalben jagen durch die Luft, dazwischen das aufgebrachte Flattern von sechs Elterntieren, die aneinander geraten. Der Familienzusammenhalt ist zu diesem Zeitpunkt weder gefestigt noch eingeübt. Die unerfahrenen Kleinen wissen gar nichts mehr, ihre Prägung ist bei Weitem noch nicht abgeschlossen. Sie rennen einfach dorthin, wo sie schwarz-weißes Gefieder auf langen, dünnen Beinen sehen. Nichts ist schlimmer als den Anschluss zu verpassen.

Der zuständige Tierpfleger hat die Stresssituation gesehen und sucht sogleich nach der Ursache. Bei genauem Hinschauen

(Weiter auf Seite 42)

Unproportioniert groß wirken die kräftigen Beine der Säbelschnäblerküken. Sie sind vom ersten Tag an überlebenswichtig, um überall mit- und bei Gefahr weglaufen zu können.

Das Säbelschnäblerweibchen hat sich zum Hudern ihrer Küken hingehockt. Im Moment scheint der Altvogel vier Beine zu haben, aber schon im nächsten Augenblick werden zwölf Beine unter dem Körper hervorschauen.

bemerkt er, dass ein Paar sechs Küken führt, das andere zwei besitzt und das letzte Paar tatsächlich nur einen Jungvogel hat. Eingreifen oder helfen muss er hier nicht. In der Voliere passiert zum Glück eigentlich nichts, was das Leben der Küken gefährden könnte. Beutegreifer haben hier keine Chance. Anders würde es einsamen Säbelschnäblerküken in der freien Wildbahn ergehen. Sie könnten ohne Eltern keine Nacht überleben.

Auch nach einigen Tagen tritt kaum Ruhe in der Voliere ein. Das Paar mit den vielen Küken, die ihnen ja gar nicht alle gehören, kann die wie Mäuse hin und her rennende Schar kaum zusammenhalten. Die benachbarten Säbelschnäbler dringen wiederholt in ihr Revier ein. Sie hören dort ihre Jungen!

Da passiert es! Ein Küken läuft plötzlich mit verletztem Flügel umher. Zwar sind diese Flügelchen bei den Jungtieren noch kurze Stummel mit streichholzdicken, aber ganz weichen Knochen, doch sie sollen später den ausgewachsenen Vogel durch die Luft tragen. Der Tierpfleger ist sehr aufmerksam, hat das Unglück gleich bemerkt, obwohl das kleine Flügelchen kaum aus dem Daunenkleid herausragt. Sofort eilt er mit einem kleinen Kescher, der eigentlich für den Wasserflohfang in der Futterküche steht, zu dem Hilfsbedürftigen. Ihn, gemeinsam mit einem Geschwisterchen, fängt er heraus und bringt die zwei in die Aufzuchtstation. Der Patient bekommt ein kleines Pflaster, das den Flügel in anatomisch richtiger Position am Körper hält. Das genügt schon. Beide Vögel beziehen ein eigenes Abteil mit sauberem Seesand, die Rotlichtlampe verströmt Wärme, in einer Ecke steht Wasser sowie eine Schale mit Futter. Die Küken verstehen nicht, warum sie von den Eltern getrennt in der fremden Umgebung leben müssen. Auf nichts achten sie, rufen ständig, bis sie sich beruhigen. Das geschieht relativ schnell, keiner muss alleine sein. Der Patient in Einzelhaltung würde immer ängstlich hin und her laufen, ohne eine Chance für die Verletzung, in Ruhe zu heilen. Deshalb hat der Pfleger auch ein gesundes Geschwister mit in die Aufzuchtstation gebracht. Schon nach einer halben Stunde untersuchen die kleinen Säbelschnäbler ihre neue Umgebung. Überall stochern sie mit dem spitzen Pinzettenschnabel, fischen Wasserflöhe aus der Schale, ehe sie die wohltuende Wärmequelle entdecken. Lange dauert es nicht, bis die beiden nach der Anstrengung und Aufregung dicht beieinander liegend unter ihr eingeschlafen sind.

Da Säbelschnäblerküken vom ersten Tag ihres Lebens an alleine fressen, muss lediglich das feinkrümelige Futter in flachen Schälchen in ihrem Abteil stehen. Die Vögel suchen dann schon heraus, was ihnen am besten schmeckt. Leider laufen sie auch immer wieder achtlos mit ihren sandigen Füßen über die angebotenen Leckerbissen, bis man nichts mehr davon fressen kann. Aber ihr Betreuer ist geduldig. Er gibt ihnen nur wenige Krümel in die Schale, dafür aber mehrmals täglich. Fast kann man zuschauen, wie die beiden wachsen. Jeden Morgen, wenn der Tierpfleger nach ihnen schaut, findet er, dass die Küken wieder etwas größer geworden sind. Die Verletzung heilt ebenso schnell und bereits nach zehn Tagen können die nun fast Halbwüchsigen wieder in die große Voliere zurück. Zwar sind die Jungen mittlerweile doppelt so groß, sehen ganz anders aus, da auf ihrem Rücken bereits die ersten Federkiele aus dem Daunenkleid schauen, aber trotzdem verläuft die Zusammenführung ohne Probleme. Der Pfleger ist noch nicht an der Voliere, gerade erst in Rufweite der Altvögel, da melden sich die Küken bereits aus dem Karton. Noch einmal beginnt ein aufgeregtes Hin und Her, als der Deckel gelüftet wird. Lange dauert das Durcheinander aber nicht. Bald tritt Ruhe ein. Jede Familie ist inzwischen gefestigt mit den Jungen in ihrem klar umrissenen Revier. Auch nach so langer Zeit der Trennung funktioniert die Prägung – Eltern, genauso wie Zieheltern und Kinder erkennen einander an der Stimme.

»Puhhh« – ist das unangenehm. Soeben hat der Pfleger das Pflaster gewechselt. Das ziept, und mit den großen Händen festgehalten zu werden ist schrecklich. Erst einmal kräftig schütteln, bis alle Daunen wieder richtig liegen.

Husarenaffen

Das Affengelände im Zoo liegt auf einer Waldlichtung. Den ganzen Tag erwärmt das Sonnenlicht die Freianlage. Auf ihr herrscht immer reges Leben, was für eine Gruppe von fünfzehn Husarenaffen ganz normal ist. Dass die Besucher gerne stehen bleiben, sie dabei beobachten, scheint die Tiere überhaupt nicht zu interessieren.

Das alte, ranghöchste Männchen erkennen alle sofort an seiner Größe und dem betont kraftvollen Gang. Ihm gehen alle anderen Hordenmitglieder respektvoll aus dem Weg. In der Rangordnung folgen mehrere erwachsene Weibchen bis hinunter zu Clara. Sie ist die einzige Jungerwachsene und hat es aus diesem Grund nicht leicht. Zwar leben in der Gruppe mehrere knapp Halbwüchsige, aber diese besitzen noch die Narrenfreiheit aller Affenkinder. Sie können sich alles erlauben, weil sie eben noch so klein sind. Clara, schon deutlich größer, darf fast gar nichts. Hat sie einen schönen Fleck für sich zum Sonnen entdeckt, schon ist irgendeine Ältere da, die ihr mit der Körpersprache deutlich zeigt – verschwinde, genau dort will ich mich hinlegen! Oder beim Fressen, da muss Clara immer warten. Wenn frisches Futter im Innengehege liegt, fressen die Affen der Rangordnung nach – abgesehen von den Kleinen, die dürfen grapschen und hineinbeißen, wo sie wollen … Clara nicht mehr.

Zwar hat die Tierpflegerin mehrere Fressplätze eingerichtet, damit möglichst allen Affen das ganze Futtersortiment zur Verfügung steht, aber es nutzt nichts. Als Rangordnungsletzte darf das junge Weibchen erst an die Nahrung, wenn die süßen Rosinen, saftigen Orangenstückchen und alle weichen Bananen bereits verschwunden sind. Über jedem Futterplatz wacht irgendein ranghöheres Gruppenmitglied, mit vollgestopften Backentaschen, argwöhnisch. Sollte Clara dennoch versuchen etwas zu stibitzen, würde sie blitzschnell die Krallen und spitzen Eckzähne der anderen zu spüren bekommen. Ihr bleiben nur saure Äpfel, Salatblätter und harte Möhren. Fügt sie sich in ihre Rolle, tut ihr eigentlich niemand etwas. Aber immer die Benachteiligte zu sein, ist nicht leicht zu ertragen.

Einen Apfelgriebs wirft man nicht weg, so lange noch Kerne zum Herauspulen und Aufessen darin zu finden sind.

Der Husarenaffengruppe steht immer Futter zur Verfügung. Jeder kann sich etwas holen. Aber viel interessanter ist es, gemeinsam mit erfahrenen Alttieren zu fressen, die vielleicht noch einen Leckerbissen gefunden haben.

»Nein, ich will nicht mit dir spielen« – zeigt die verzweifelte Geste des kleinen Husarenaffen.

Aber schon im nächsten Moment schlägt die Stimmung um. Mit einem Biss ins Knie beginnt das Spiel.

So vergeht einige Zeit. Claras Bauch wird zunehmend dicker, bis sie ihr erstes Jungtier bekommt! Ganz dünn, mit langen Armen und Beinen, hängt ihr erstes Baby mit schwarzbraunem Fell eines Morgens an ihr. Das Gesicht ist wie bei jedem Neugeborenen noch ganz faltig. Übergroß erscheint der Kopf und unproportioniert wirken die abstehenden Ohren. So sieht jedes Husarenaffenbaby aus. Von diesem Moment an ist Clara etwas Besonderes in der Gruppe … was sie noch nicht weiß, aber bald erlebt.

Nach der Geburt hat sie viel Durst, könnte zwar Kräutertee trinken, der immer zur Verfügung steht, aber sie möchte so

Die beiden ringen miteinander. Sie spielen Festhalten und Sich-Befreien, was nur für den Kleinen anstrengend ist.

Da kann es im Gerangel leicht passieren, dass man sich bei den vielen Armen und Beinen selbst beißt.

gerne etwas von den saftigen, süßen Orangenstücken abbekommen, die ihre Pflegerin, neben anderem Futter, morgens auf alle Sitzbretter im Innenraum verteilt hat. Clara ist nach der Geburt recht schwach, ihr Kind zerrt zusätzlich im Fell. Leider thront auf dem nächst liegenden Futterplatz vor ihr das ranghöchste alte Weibchen. Es probiert gerade alles durch, stopft die Leckerbissen in seine Backentaschen, bis sie ganz dick hervortreten. Eben ist sie dabei, die besten Brocken mit Händen und Füßen wegzuschleppen, als Clara ganz vorsichtig herankommt. Nicht

(weiter auf Seite 50)

Im den ersten acht Wochen trennen sich Mutter und Jungtier nie. Aber im Alter von vier Monaten geht der kleine Husarenaffe schon von Hand zu Hand. Jeder darf ihn einmal haben, soweit die Mutter es erlaubt.

Die Ruhe unter den halbwüchsigen Husarenaffen trügt. Schon in der nächsten Sekunde toben sie wieder. Die Mutter ist immer in der Nähe und überwacht fürsorglich das Spiel ihres noch recht tapsigen Jungen.

wie sonst üblich wirft ihr die Alte den abwehrenden Blick mit aufgerissenen Augen entgegen, der sie auf Abstand halten soll. Nein, ganz friedlich, eher interessiert kommt die Große vorsichtig heran. Sie schaut beim Näherkommen sogar weg, was in der Affensprache heißt – ich bin ganz friedlich, dir passiert nichts. Neugierig beschnuppert sie den kleinen Neuankömmling, berührt ihn sogar, riecht dann an ihrer Hand und geht wieder zum Futterplatz. Clara ist überrascht! Keine Drohgeste, keine gefletschten Eckzähne, kein Kratzen im Gesicht wie sonst. Etwas vorsichtig setzt sie sich neben die Alte und frisst wie sie Apfelsinenstücken. Ab diesem Moment genießt Clara Mutterschutz, den alle zu beachten haben. Plötzlich ist sie in der Rangordnung um mehrere Stufen aufgestiegen, kann nun getrost, aber immer respektvoll neben der Ranghöchsten sitzen und endlich auch die gut schmeckenden Dinge fressen. Seitdem Clara ihren Säugling hat, würden die anderen Affen sie sogar beschützen.

In den ersten Wochen hängt das Kind ständig an ihrem Bauch, trinkt, schläft, klettert höchstens kurz auf ihren Rücken. Für Clara wird der kleine Junge allmählich recht schwer. Gelegentlich kommt ein anderes Gruppenmitglied, fragt mit einem Blick, ob es den Kleinen auch einmal haben darf, was die Mutter bereitwillig erlaubt. Er wechselt auch ganz problemlos von einem Fell in das nächste. Aber der kleine Husarenaffe prüft nur, ob er bei der Tante Milch bekommen kann. Wenn das nicht der Fall ist, will er schreiend sofort zurück.

Erst allmählich interessiert ihn die Umgebung, möchte er an allem herumknabbern, was die Mutter frisst. Bald unternimmt er weitere Ausflüge. Kletterübungen im Geäst, Blätter abreißen und hinter Baumrinden herumbohren – zu erforschen gibt es

Wärme und Geborgenheit zu finden ist für das Wohlbefinden des kleinen Husarenaffen sehr wichtig.

viel! Den Abenteuerspielplatz Außengehege entdeckt der kleine Affe erst langsam. Clara duldet alles, aber nur bis zur Reichweite ihrer Arme. Der lange Schwanz ihres Kindes ist gut geeignet, die Ausflüge zu begrenzen. Sie hält ihn einfach daran fest. Sollte sich der Junge doch einige tollpatschige, watschelige Schritte zu weit wagen, ist sogleich ein anderer Husarenaffe da, der aufpasst. Besonders die Halbwüchsigen interessieren sich sehr für den neuen Spielkameraden. Zwar ist er leider viel zu klein, um richtig mit ihnen herumtollen zu können, aber gerne tragen sie ihn hin und her, was eher wie ein anstrengendes Herumschleppen aussieht. Clara hat Vertrauen zu den anderen Hordenmitgliedern und lässt sie gewähren. Manchmal ist ihr der ständig herumzappelnde Junge ohnehin schon zu viel.

In der Sommerferienzeit, wenige Wochen später, ist der kleine Husarenaffe bereits sehr unternehmungslustig. Begleitet von der Mutter, meistens auch von Spielkameraden, erkundet er die ganze Freianlage, versucht an den unheimlichen Schildkröten zu schnüffeln, die im Randgraben des Geheges leben, traut sich auf den alten Ahorn zu klettern, der mitten auf der Lichtung steht. Überhaupt untersucht er alles ganz gründlich. Seine Lieblingsbeschäftigung ist aber das Durchwühlen sämtlicher Futterplätze im Innenraum, sobald etwas Neues daliegt. Blitzschnell sammelt er die eingeweichten Rosinen zusammen, stopft damit seine Backentaschen voll, ehe er auf zwei oder drei Gliedmaßen humpelnd so viele Leckereien hat, wie er gerade wegschleppen kann. Noch hat das Affenkind hier völlige Freiheit, ahnt nichts von der unteren Rangordnungsstufe, auf die es später einmal kommen wird, um dann erst im Laufe der Jahre wieder eine bessere Position erreichen zu können. So wie Clara, seine Mutter …

Misstrauisch beobachten die Husarenaffen den Fotografen, der ihnen mit seinem Jagdblick sofort auffällt.

Kamelfohlen wächst in den ersten Lebenswochen ein kurzes, aber dichtes Babyfell, das sie in den asiatischen Steppen vor der Kälte im Frühjahr schützt. Aber schon im Hochsommer verlieren sie es.

Trampeltier

Eigentlich heißt die Trampeltierstute Djamila. Aber alle Tierpfleger reden nur von der Garstigen. Sie kam aus den Steppen Innerasiens in den Zoo. Von dort hat sie ihren hübschen arabischen Mädchennamen mitgebracht, so steht es in den russischen Transportpapieren. Warum sie so garstig ist, mit keinem Menschen etwas zu tun haben will, weiß niemand. Die Pfleger haben sich bemüht, ihr wenigstens das lose, in zottigen Fetzen herabhängende Winterfell abzukämmen, einen Halfter anzulegen, um mit der stolzen Djamila zur Tierschau gehen zu können. Aber sie will nicht, wehrt jede Annäherung mit blitzartigem Ausschlagen, Beißen und Spucken ab. Ihre tellergroßen Schwielensohlen wirken ganz weich, aber ein Tritt damit ist sehr gefährlich.

Was haben ihre Betreuer nicht alles versucht. Selbst die mühevoll beschafften russischen, kirgisischen und mongolischen Kommandos für den ganz einfachen Umgang mit Kamelen (hinlegen – aufstehen – komm mit – halt) – es sind ja schließlich Haustiere – führten zu keinem Ergebnis. Alle Dressurerfahrungen der Zoomitarbeiter waren erfolglos. Schließlich ließ man die Garstige in Ruhe. Mehr wollte sie vermutlich auch gar nicht.

Nur wenn die Kamele vom Innenstall auf die Freianlage gehen, können die Tierpfleger, geschützt durch einen Zaun, beim Vorbeilaufen Djamila etwas streicheln. Vielleicht gefällt es ihr … Aber sie heult auf, als ob etwas Schlimmes passiert wäre, rennt einfach weiter. Andere Trampeltiere stehen bei der Fellpflege stundenlang still oder legen sich sogar auf Kommando hin, bis sie auf die Freianlage entlassen werden. Selbst als die Garstige ein Fohlen hat, das den Namen Djamba bekommt, ändert sie ihr Verhalten nicht. Das Jungtier, ein Männchen, benimmt sich, ohne dass es in seinem nur wenige Wochen alten Leben irgendwelche schlechten Erfahrungen gemacht hat, genau wie die Mutter. Immer achtet Djamila auf einen möglichst großen Abstand zu den Zoomitarbeitern. Völlig übertrieben drängt sie ihr Junges beiseite, sobald jemand in die Nähe kommt. Andere Fohlen tragen in dem Alter längst ihre Halfter, halten still, wenn der Tierpfleger das wuschlige Kamelkinderfell durchkämmt und hängen gebliebene Strohhalme entfernt. So nicht der kleine Djamba, den alle Kollegen aus diesem Grund nur noch den Grantigen nennen.

Sämtliche Zähmungsversuche, die geduldigen wie auch die nachdrücklichen, schlagen fehl, weil kaum jemand an die beiden herankommt – bis an einem Montag alles ganz anders verläuft. An diesem Tag steht die zierliche Tierpflegerin Heike am Durchgang, den alle Kamele zum Feierabend der Reihe nach passieren müssen. Sie versucht, wie schon so oft, die Garstige zu berühren. Mit gutmütigen Worten streicht sie über die breite Seite, als das Tier vorbei kommt. Die Garstige heult sofort auf und schlägt kraftvoll aus! Ihr weicher Filzpantoffel prallt mit voller Wucht gegen den Eisenpfosten, hinter dem Heike steht. Der ganze Zaun scheppert. Alle Kamele, die in ihre Nachtunterkünfte drängen, weil dort noch etwas Gutes zum Fressen bereit liegt, bleiben erschrocken stehen. Auch Heike bekommt einen tüchtigen Schreck. Glücklicherweise hat die Absperrung einen Unfall verhindert. Allein die Stute heult jetzt erst recht auf, humpelt in den Stall, gefolgt von ihrem Fohlen.

Kaum sind alle Kamele in den Nachtunterkünften und die Außentüren gesichert, geht die Tierpflegerin besorgt den Gang entlang zur Garstigen, um nachzuschauen, ob sie sich verletzt hat. Erstaunlicherweise hält sich das Tier nicht wie sonst in der hinteren Stallecke schützend vor ihrem Fohlen auf. Selbst als die Pflegerin

Zuerst erscheint dem jungen Trampeltier der Halfter als unangenehmes, lästiges Anhängsel am Kopf. Bald hat es sich daran aber gewöhnt. Aufhalftern ist dann etwas ganz Selbstverständliches.

fragt, wie es ihr geht, bleibt sie mitten im Raum stehen. Zögernd und etwas verwundert geht Heike, der eben noch der gefährliche Tritt galt, zu ihr in die Box. Beruhigend spricht sie mit Djamila, lässt sich ihre innere Aufregung nicht anmerken. Vorsichtshalber achtet sie trotzdem auf einen möglichst großen Abstand, um bei Gefahr blitzartig wegspringen zu können. Zu ihrer Überraschung rührt sich die Garstige aber nicht, duldet sogar die vorsichtig aufgelegte Hand. Heike zeigt ihr das Futter, das bisher unbeachtet blieb. Wie riesig wirkt das Trampeltier neben der zierlichen Pflegerin. Mit weicher Stimme erzählt diese irgendetwas, schaut fast beiläufig auf den Fuß. Verletzt scheint er nicht zu sein, aber im Inneren muss das ganze Hinterbein sehr schmerzen. Die Stute schont es und belastet nur drei Beine. Heike ist froh. Beim Herausgehen streicht die Hand zum ersten Mal über das Fohlen. Es steht quer unter dem Hals der Mutter und schaut ganz neugierig zu, was da im Dämmerlicht passiert. Der kleine Hengst scheint überhaupt nicht garstig zu sein. Überall, am Kopf, am Hals, am Rücken, an den Seiten, kann Heike entlang streichen. Zwar schaut Djamba etwas ängstlich, fast verstört. Aber die Mutter steht still. Somit bleibt er ebenfalls äußerlich ruhig.

Erst nach einer ganzen Weile geht die Tierpflegerin, als ob das Geschehen selbstverständlich sei, aus der Nachtunterkunft, verriegelt die Tür, unterhält sich aber weiter mit den beiden. Das Versehen von Djamila bedeutet endlich den Durchbruch, ist ein glücklicher Umstand. Eigentlich könnte Heike vor Freude in die Luft springen. Sie hat es geschafft.

Gleich am nächsten Tag übt sie das Aufhalftern. Für die kleine Pflegerin ist das gar nicht so leicht. Selbst mit ausgestrecktem Arm kann sie den Halfter kaum höher als etwas über zwei Meter halten. Wenn die Stute den Kopf hoch hält, stößt er fast an die Stalldecke, fast vier Meter hoch.

Nur gutes Zureden und eine kleine Belohnung hilft, dass das Trampeltier den Kopf in eine erreichbare Höhe neigt. Schon nach

Kamele müssen oft Sandstürme aushalten. Deshalb tränen ihre Augen oft und die Nase kann fest verschlossen werden.

wenigen Versuchen lässt sich die Garstige zum ersten Mal den Halfter anlegen. Am Verhalten merkt die Pflegerin, dass der Stute die Übung bekannt sein muss, was aber niemand wusste. Wieder ist Heike ganz glücklich – das ist ihr Erfolg! Trampeltiere sind immer auf ihren Pfleger geprägt. Ihm gehorchen sie beim kleinsten Fingerzeig. Würde jemand, den sie nicht akzeptieren, auch nur die geringste Gehorsamkeitsübung verlangen – es wäre ein vergebliches Unterfangen.

Nachdem das tägliche Hinlegen genauso wie das Aufhalftern problemlos klappt, probiert es Heike ebenso mit dem kleinen Grantigen, der immer ganz interessiert bei den Dressurübungen zugeschaut hat. Er trägt noch schneller seinen Halfter, schüttelt zuerst zwar den Kopf unwillig, duldet aber jede der einfachen Übungen. Nach diesem Erfolg, den alle Kollegen hoch anerkennen, spricht im Kamelrevier niemand mehr von der Garstigen und dem Grantigen, sondern alle sagen nur noch Djamila und Djamba.

Weißstorch

Das Telefon klingelt. Eine Frau aus dem Nachbarort benötigt Hilfe. Ich kenne sie gar nicht, aber sie weiß, dass hier jemand wohnt, der mit Wildtierpflege Erfahrung hat. Aus dem Storchennest auf ihrem Hof ist ein Jungvogel herausgefallen. Sie meint, er sei von den Alten hinausgeschmissen worden. Das hätte sie vom Küchenfenster aus genau beobachtet. Egal wie, dem Kleinen sei glücklicherweise nichts passiert, als er das weiche Rohrdach hinunter glücklicherweise in einen Haufen Heckenschnitt gepurzelt sei. Nun habe sie ihn im Haus.

Unverzüglich kann ich nicht hinfahren, überlege aber, wie man den verunglückten kleinen Weißstorch wieder ins Nest bekommen könnte. Ohne mehrere lange Leitern, mit Stricken aneinander gebunden, geht da nichts. Oder sollte man die Feuerwehr um Hilfe bitten?

Nur wenige Tage alt ist dieses schlafende Weißstorchküken.

Mit meiner Arbeit habe ich mich zwar beeilt, stehe aber erst nach einer Stunde vor der unbekannten Haustür im nächsten Dorf. Die Frau begrüßt mich freundlich, sie hat schon auf mich gewartet. Sogleich gehen wir in den Stall, einen dunklen Gang entlang, bis zur alten Waschküche. Dort musste das Storchenkind hin – wegen des Kots, wie sie mir unterwegs erzählt. Fast bin ich erschrocken, so winzig ist das Jungtier. Es liegt auf dem kalten Betonfußboden des feuchten Raumes in einem Kinderschuhkarton, den es nicht einmal bis zur Hälfte ausfüllt. Der Kleine ist schon fast bewegungsunfähig vor Unterkühlung. Vorsichtig fühle ich alle Gliedmaßen ab, wärme ihn sogleich in meinen Händen. Gebrochen ist glücklicherweise nichts, aber die niedrige Körpertemperatur macht mir Sorgen.

Mit dem Kleinen auf dem Arm zeigt mir die Frau das Nest gegenüber auf dem Scheunenfirst. Dort hocken vier Jungstörche, mehr als doppelt so groß wie der Verunglückte an meinem Körper. Ihr Gefieder ist beinahe vollständig ausgebildet. Nur die langen Schwungfedern müssen noch wachsen. Bei dem Kleinen dagegen ragen gerade die ersten Federkiele aus dem dichten, sehr schmutzigen Daunenkleid.

Sie hat wirklich recht mit ihrer Beobachtung gehabt: Von Weißstörchen ist bekannt, dass Altvögel zurückgebliebene Nachkömmlinge einfach aus dem Nest werfen. So einer kann nicht mehr bis Ende August, dem Zeitpunkt des Abflugs ins afrikanische Winterquartier, ausfliegen und selbstständig werden. Für die Arterhaltung ist das Verhalten zwar sinnvoll, für den Winzling, der mir leid tut, aber normalerweise tödlich. Ins Nest zu seinen Geschwistern kann er niemals zurück. Die Alten würden ihn mit großer Wahrscheinlichkeit erneut packen und über den Nest-

Die Jungstörche fauchen, schnappen und schlucken in Sekundenschnelle bei ihrer zusätzlichen Mahlzeit – es gibt kleine Fische. Da passiert es ganz leicht, dass ein zappelnder Flügelstummel beim Zupacken mit einem Fischchen verwechselt wird.

rand fortschleudern. Überleben kann er das eigentlich nicht. Eine andere Lösung muss gefunden werden.

Bei mir zu Hause bekommt der Pflegling sofort eine Wärmflasche und weiche Tücher in seinen Karton. Auf diese Weise erst einmal notdürftig versorgt, bringe ich ihn in den Zoo. Dort gibt es Brutapparate, die ganz genaue Temperatur- und Luftfeuchtigkeitsregler besitzen, so wie der kleine Storch es benötigt. Auch kann die Unterkühlung bei dem Geschwächten eine Krankheit ausgelöst haben. Die Kollegen dort haben viel Erfahrung und das richtige Futter. Vielleicht gibt es sogar neue Nestgeschwister!

Im Zoo angekommen, schickt man mich mit dem Schuhkarton unter dem Arm gleich ins Vogelrevier. Hier wickelt der Tierpfleger das Paket vorsichtig aus: »Oh, so ein Krümel, so spät im Jahr! Noch nie haben wir von draußen einen derartigen Kümmerling bekommen. Wir haben doch schon Ende Juli! Der Bauch ist ja ganz faltig und leer!«

Ich erzähle ausführlich die Vorgeschichte, worauf wir den kleinen Weißstorch sofort in den Brutraum bringen, in dem mehrere der erwähnten Apparate stehen. Sogleich kommt er in einer sauberen, mit Zellstoff ausgelegten Plastikschale in einen freien Brüter. »In zwei Stunden spürt der Kleine wieder seinen Hunger. Dann erhält er wahrscheinlich die erste richtige Mahlzeit in seinem Leben. Wenn Kot da ist, nehme ich eine Probe, die untersucht wird. Man weiß nie, was der Schwächling an Krankheitserregern so in sich haben könnte. Sie müssten aus diesem Grund auch Ihre Anschrift hier lassen. In einigen Tagen wissen wir genau Bescheid. Bis dahin hat er die Krise sicherlich gut überstanden. Ich habe hier ganz kleine Fische, Stinte, die sind leicht verdaulich. Ich schätze, ihr Storch wird schon groß werden, wenn er innerlich unverletzt geblieben ist. Eigentlich hat er richtig Glück, kaum ein Jungstorch überlebt den ›Rausschmiss‹, dann die lebensgefährliche Unterkühlung. Wir haben im Moment gleichaltrige Junge bei unserem Paar auf der Wiese. Hier war das erste Gelege faul, nun, aus dem zweiten, sind fünf Junge geschlüpft. Eigentlich müsste der Neue von der Größe her gut dazu passen.« Der Tierpfleger grient verschmitzt: »Die Alten können ja nicht zählen. Ich mogle ihn einfach unter. Wir müssen aber erst die Kotuntersuchung abwarten. Vorher darf er nicht mit anderen Zootieren in Kontakt kommen!«

»Was wird aus ihm, wenn er groß ist?«, möchte ich vom Tierpfleger wissen. »Eigentlich stammt dieser Weißstorch doch aus einem Wildbestand.«

Er winkt ab: »Wir wollen ihn nicht behalten. Im Zoo leben bereits 14 Weißstörche. Wir bieten ihm hier ein Winterquartier. Er bekommt einen Vogelwartenring, muss aber bis zum Frühjahr bei unseren Weißstörchen bleiben und kann ab Anfang April, wenn die Moorfrösche laichen, entlassen werden. Aber nach unseren Erfahrungen hat es so ein Freigelassener gar nicht eilig. Hier bekommt der Wilde zusammen mit den Zoostörchen regelmäßig sein Futter. Erst im Verlauf mehrerer Wochen fliegt der unerfahrene Storch dann immer weiter und länger weg, bis er schließlich in der Natur sein eigenes Leben gefunden hat. Das nennt man Auswildern, eigentlich die beste Methode, ihm den Übergang zu erleichtern.«

Bevor wir uns trennen, zeigt der Tierpfleger auf eine alte Kiefer am Vogelhaus. Dort stehen zwei Weißstörche neben ihrem großen Horst.

»Die beiden haben wir vor fünf Jahren aus einem Küstendorf bekommen, aufgezogen und ausgewildert. Ihr Nest war in einer Sturmnacht abgestürzt. In jedem Sommer waren sie hier bei uns. Die Winter verbrachten sie wahrscheinlich in Afrika. Im Zoo hat es ihnen anscheinend so gut gefallen, dass sie jetzt dort oben ihre eigenen Jungen aufziehen.«

Auch wenn das alte Weißstorchenpaar im Zoo nicht lange nach Futter suchen muss – wie die Wildstörche in der freien Landschaft –, stellt der Pfleger trotzdem gelegentlich Futter ins Nest, das die Jungen gerne annehmen.

Damhirsch

Das Damhirschgehege ist riesengroß und liegt in einer Ecke des Zoos hinter Holunder- und Haselbüschen versteckt. Für die Besucher ist kein Weg vorhanden, sie kommen dort gar nicht hin. Nur wer durch den angrenzenden Park außerhalb des Zoogeländes spazieren geht, kann die Hirsche sehen. Das Gehege ist wie ein Schaufenster als Einstimmung für den Zoobesuch. Davor stehen zu bleiben lohnt sich immer. Ob zur Brunftzeit im Spätherbst, wenn das Männchen sein Schaufelgeweih imponierend hoch trägt, um die Weibchen zu beeindrucken, oder im Mai, wenn die neu geborenen Kälber miteinander spielen – im Damhirschgehege gibt es keine Langeweile. Schon gar nicht, sobald der Tierpfleger kommt. Einmal täglich bringt er Futter, das aus zerstückelten Äpfeln, Möhren und darunter gemischten Huftierpellets besteht. Er hat die Schubkarre dabei, reinigt nach der Fütterung das Gehege bis in die letzte Ecke und schaut scheinbar beiläufig, ob alle gesund sind.

Im Mai, zur Setzzeit der Kälber, mustert er die Weibchen besonders aufmerksam. Für Außenstehende sehen alle Tiere gleich aus, aber jedes besitzt ein individuelles Merkmal, das der Pfleger ganz genau kennt. Namen haben die Damhirsche aber nicht. Dafür leben zu viele Tiere in der Herde.

Eine Hirschkuh, die gestern noch tragend war, kann am nächsten Tag plötzlich ganz schlank dastehen. Dann weiß der Zoomitarbeiter genau, irgendwo im großen Gehege hat sie ihr Kalb gut versteckt abgelegt. Selbstverständlich möchte er gleich wissen, ob die Geburt problemlos verlaufen ist, es dem Jungtier gut geht. Wichtig ist ihm aber auch zu erfahren, ob das neue Herdenmitglied ein Männchen oder ein Weibchen ist. Nach einigem Suchen findet der Pfleger immer das kleine rehbraun gefleckte Fellknäuel, das ganz winzig zusammengerollt in seinem Versteck ausharrt. Mit einem kurzen Blick unter den Schwanz ist alles klar und er kann den Neuzugang mit Geschlechtsangabe in seinem Revierbuch exakt vermerken.

Nur das scheue Weibchen mit den hellen Halsseiten bereitet ihm Schwierigkeiten. Es hat noch nie ein Kalb bekommen, aber ihr dicker Bauch verrät, dass sie in diesem Jahr Mutter wird. Auf sie achtet der Tierpfleger bei den täglichen Arbeiten ganz besonders.

Endlich, in einer Nacht, bekommt sie ihr Kind. Nur wenige Stunden nach der Geburt führt sie es bereits in der Herde. Als der Betreuer am nächsten Morgen erscheint und das Schloss öffnet, gleitet sein Blick wie jeden Tag über die Gruppe. Sofort bemerkt er das Jungtier neben der Mutter mit den hellen Halsseiten. Sie achtet ständig darauf, verdeckt hinter anderen nicht aufzufallen. So bekommt er nicht heraus, was bei anderen Jungen ganz leicht ist. Aber ihm fällt ein Trick ein.

Die Damhirschgruppe kümmert sich überhaupt nicht um die Leute hinter dem Außenzaun. Ruhig und gelassen halten sie sich ganz in der Nähe fremder Menschen auf, kaum zwei Meter von Ihnen entfernt. Ob jemand stehen bleibt, ein Radfahrer vorbeihastet oder der nächste Jogger auf dem Weg entlangläuft, hat keine Bedeutung. Was außerhalb ihres Geheges geschieht, interessiert die Hirsche nicht im Geringsten.

So versucht der Pfleger nach Feierabend, nicht mehr in Arbeitssachen, sondern in »Zivil«, ganz unauffällig zwischen den Spaziergängern einmal zu schauen, ob das neue Kalb nicht irgendwann in seiner Nähe steht, vielleicht sogar gesäugt wird und dabei mit dem Schwanz wedelt. Das würde ja schon reichen, um das Geschlecht festzustellen. Langsam und gelassen schlendert er zwischen den anderen Menschen am Zaun entlang, bleibt stehen, geht etwas weiter – bis das Kalb gut zu sehen ist. Aber der Versuch klappt nicht. War er zu auffallend unauffällig? Offensichtlich: Die Scheue bemerkt sehr schnell den fixierenden Blick, sieht die bekannten Körperbewegungen des Pflegers und verschwindet zum anderen Gehegeende, dorthin, wo er jeden Tag die Anlage betritt.

Hier muss etwas anders helfen. Den Zoomitarbeiter packt der Ehrgeiz. Seine Elefanten, die gleich neben den Damhirschen ihr Haus haben, gehorchen aufs Wort, was gar nicht so selbstverständlich ist. Und er sollte nicht an ein winziges Damkalb herankommen?

Von Weitem bemerkt der Tierpfleger bereits am nächsten Tag, dass die Mutter ihr Junges nur dann versteckt zurücklässt, wenn garantiert niemand ins Gehege geht, nämlich in der Mittagspause. Zu dieser Zeit führt sie das stelzende Kalb ins Vorgehege zu den Futtertrögen. Darunter, dort, wo das Kleine im Schatten fast unsichtbar bleibt, legt sie es ab. Auch am darauf folgenden Tag beobachtet der Pfleger das gleiche Verhalten. Zwar könnte er am Zaun warten, bis das Jungtier Urin absetzt – man sieht dann schon, wo es tröpfelt, und hätte endlich Gewissheit, aber zwischen den vielen Beinen der großen Damhirsche wäre so eine Beobachtung eher ein glücklicher Zufall.

Am dritten Tag will er nun endlich feststellen, was für ein Jungtier da geboren ist – so viel Zeit ist verstrichen. Im Revierbuch steht hinter dem Geburtsdatum immer noch »Geschlecht?«. Vorsorglich hängt der Betreuer das Schloss nach dem morgendlichen Gehegesäubern nur in die Halterung, um mittags

Alle Hirschartigen sind Fluchttiere. Auffallend groß erscheinen die Augen und Ohren. Sie sind bei den Kälbern besonders weit entwickelt, um Feinde rechtzeitig wahrnehmen zu können.

Vorsichtig umherspähend führt die Damhirschmutter ihr Kalb ins Vorgehege, um es dort abzulegen.

keine Zeit zu verlieren. Jedes abgelegte Kalb bleibt nur so lange bewegungslos liegen, bis die Mutter es abholt oder von Weitem ruft. Er muss schneller sein. So geschieht es auch! Wieder bringt die übervorsichtige Hirschkuh das Kleine zum Schlafen ins Vorgehege und geht unbesorgt zur Gruppe. Nur Sekunden vergehen, unvermittelt steht der Pfleger im Gehege. Kaum haben die Damhirsche erstaunt ihre Köpfe aufgeworfen, ist er mit wenigen Sätzen am Futtertrog.

Gerade will er sich über das still daliegende Kälbchen bücken, schon macht es »tap, tap, tap« hinter ihm. Plötzlich steht die sonst so scheue Alte nur zwei Meter hinter ihm, hat die Ohren angelegt und schlägt mit den Vorderläufen in schneller Folge auf den Boden – »tap, tap, tap«. So dicht stand sie noch nie bei ihm. Der Pfleger ist erfahren – die Drohgeste eindeutig. Bei jedem anderen Muttertier wäre er sofort verschwunden, aber bei der Scheuen – das traut die sich nie, denkt er überlegen! Sogleich schaut er wieder zum Kalb, will gerade zum Schwänzchen greifen, da passiert es – ein unglaublich schnelles Prasseln auf Rücken und Kopf. Der Mann sieht nur noch Sterne, wirft sich in der Not unter den Trog, um den scharfen Klauenspitzen zu entgehen. Die Schläge prasseln für Sekunden weiter über ihm auf das Metall. Im gleichen Moment schießt das Kalb aus seinem Versteck hervor und die beiden Tiere laufen erleichtert zur schützenden Gruppe.

Der Pfleger liegt im Schatten unter dem Futtertrog. Blut läuft glücklicherweise nicht – so etwas fühlt man. Nur zwei, drei Schrammen an Ohr und Hals brennen von den sandigen Klauenschlägen. Unter der Jacke werden sicherlich noch einige blaue Flecken zum Vorschein kommen. Er spürt sie gleich beim Hervorkriechen.

Die Situation ist peinlich, hoffentlich hat ihn niemand gesehen. Verärgert über sich selbst, eilt er, etwas steif gehend, aus dem Gehege. Der Rücken schmerzt sehr und der Arbeitstag ist noch längst nicht vorbei. Mit dem Angriff hätte er rechnen müssen. Wie kann man nur die Drohung einer Mutter missachten, die ihr Kind beschützt!

Geparden

Nicht alleine ihr sandfarbenes Fell, auf dem hunderte dunkelbraune, fast schwarz erscheinende Flecken verteilt sind, lässt die Geparden so gut aussehen. Schließlich besitzen alle Katzen ihre arttypische schöne Fellzeichnung. Es ist auch nicht allein der runde Kopf mit den großen braunen Augen, die man nur sehen kann, wenn die tief stehende Sonne sie beleuchtet – bei hohem Sonnenstand schützt der breite Überaugenbogen vor dem hellen Licht. Zum schönen Aussehen der Tiere gehört vielmehr auch ihre schlanke Gestalt mit den langen Beinen, ihr gelassener Gang, das friedlich ruhige Wesen, das die Geparden so anziehend macht.

Im Zoo lebt von diesen schönen Katzen ein Pärchen. Safari, die Gepardin, und Sprint, das Männchen. Mit weit ausholenden Schritten laufen sie durch das Gehege oder liegen auf den Ruhebrettern vor ihrem Haus und genießen die Sonne. Ihr Blick scheint immer an den Besuchern vorbei in die Weite zu schweifen.

Geparden leben in den weiten Steppen Afrikas südlich des Äquators. Dort haben sie ihr natürliches Verbreitungsgebiet. Safari und Sprint wissen aber nichts von Antilopenherden, die durch unendliches, von Schirmakazien locker bestandenes Grasland ziehen. Nie haben sie die sonnendurchglühte Savanne gesehen.

Das Gepardenpärchen wurde in einem Tiergarten geboren. Selbst die Eltern und deren Vorfahren haben dort bereits das Licht der Welt erblickt. Alle Zoos bemühen sich um die Gepardenzucht, damit der Bestand in derartigen Einrichtungen erhalten bleibt, da keine geschützten Wildtiere mehr gefangen werden, um sie einzusperren. Die zoologischen Gärten lehnen es bereits seit vielen Jahren aus Naturschutzgründen ab, Wildfänge aufzunehmen. Mittlerweile ist dies auch gesetzlich verboten. Verzichten möchte aber niemand, weder Tiergarten noch deren Besucher, auf die schlanken Geparden. Umso wichtiger ist ihre Zucht.

Safari und Sprint sind als junges Pärchen in den Zoo gekommen. Sie fühlen sich in ihrem Gehege und dem mitteleuropäischen Klima offensichtlich wohl, kennen ja keinen anderen Lebensraum. Lediglich bei ganz schlechtem Wetter oder großer Kälte bleiben sie in ihrem Haus, in dem sie sonst nur die Nacht verbringen. Trotzdem ist der Sommer, besonders wenn er schön warm ist, die Zeit, die sie am meisten lieben – eine wichtige Voraussetzung für die Zucht.

Ein Pärchen, dem die Umgebung behagt, reicht nicht immer aus, um wie selbstverständlich Nachwuchs zu bekommen. Beide Tiere müssen gut zusammenpassen, was für Safari und Sprint auch zutrifft. Sie sind Geschwister, was der Zucht eigentlich nicht im Wege steht. Viele Katzenarten, von den Löwen bis hinunter zu den Hauskatzen, zeugen auch als Geschwisterpaar erfolgreich Junge. Trotzdem ist die Zucht bei Geparden ein Problem, wenn sich die Tiere von Geburt an kennen. So bemerkt zwar Sprint ganz genau, wenn das Weibchen für wenige Tage interessant riecht. Aber der Reiz führte nur zu einem ausgelassenen Toben durchs Gehege, ansonsten siegte die Gewohnheit. Andere Tiergärten hatten angesichts ähnlicher Schwierigkeiten Erfolg mit einer zeitweiligen Trennung der Geschwister. Genau zum richtigen Zeitpunkt zusammengeführt, gab es bereits manche Zuchterfolge. Aber auch dieser kleine Trick brachte bei Safari und Sprint kein Glück. Aus dem Geschwisterpaar wurde kein Zuchtpaar!

Wenn die Paarung der Geparden erfolgreich verlaufen ist, können nach 90 bis 95 Tagen Tragzeit bis zu fünf kleine, tapsige und hilflose Jungtiere geboren werden. Safari hat zwei Junge zur Welt gebracht, die, vier Monate alt, mit der Mutter spielen.

So vereinbart man den vorläufigen Tausch von Sprint gegen ein fremdes Männchen. Der große stattliche Gepardenmann Massai wird geschickt. Von ihm weiß man, dass er in seinem Zoo bereits erfolgreich gezüchtet hat. Nun ist er der Hoffnungsträger! Tatsächlich interessieren sich die beiden Geparden füreinander, als der Pfleger sie geschützt durch einen Sichtschieber in Kontakt kommen lässt. Die Katzen wollen zusammen sein, was sie nach einer kurzen Eingewöhnungszeit auch im Außengehege dürfen. Safari schnurrt laut als Zeichen ihres Wohlbefindens. Verschmust streicht sie am Zaun entlang, wirft sich nieder und rollt verspielt über ihren Rücken hin und her. Massai lässt sie nicht aus den Augen.

Eigentlich beginnt erst jetzt das Paarungsspiel der Geparden, das aber nicht sehr spektakulär ist. Die Steppenbewohner kennen nur eine Variante: Er treibt sie kilometerweit durch die Savanne – sie lässt sich treiben, fast bis zur Erschöpfung. Irgendwann beendet sie die Hatz, hockt sich hin – und ganz außer Atem erfolgt die erste Paarung.

Im Gehege wird die Jagd immer wieder durch den Zaun unterbrochen. Aber damit kommen die Geparden zurecht. Ihr Treiben läuft eben auf etwas kleinerem Raum ab. Ist der Kater zu aufdringlich, reicht ein kurzes Fauchen, vielleicht auch ein eher verspielter als ernst gemeinter Pfotenhieb, und schon springt er beiseite, sie entweicht, und die feurige Jagd geht weiter. Aber Massai entpuppt sich nicht nur als stürmischer Gepardenmann, sondern auch als rücksichtsloser Draufgänger. Das rassante Geschehen im Gehege endet im Chaos!

Diese Katzen sind wehrhafte Beutegreifer. Mit einem Prankenhieb schlagen sie ihre Opfer in vollem Lauf nieder, die spitzen Eckzähne halten und bezwingen Tiere, die genauso groß sein können wie sie selbst. Aus der verspielten Scheinabwehr, die Massai respektieren muss, werden grobe, ernst gemeinte Schläge. Er, der wesentlich Größere, weicht nicht aus. Safari kann nicht fliehen. Eckzahn gegen Eckzahn – aus dem Liebesspiel der schlanken Katzen entsteht eine wilde Beißerei. Wütende, gefährliche Bisse, schlagende Pfoten, Aufjaulen und alles in eine große Staubwolke gehüllt. Nur Sekunden dauert der Kampf. Augenblicke später stehen beide Tiere, die ein Paar werden sollten, sich mit gesträubter Mähne und drohend gefletschten Zähnen gegenüber. Die Körpergröße von Massai wirkt jetzt besonders Angst einflößend. Aber zu einem zweiten Zusammenstoß kommt es nicht. Erst allmählich beruhigen sich die Kontrahenten.

Dieser erste Fehlschlag, das unerfahrene Weibchen mit einem draufgängerischen Männchen zu paaren, sitzt tief. Selbst die nun wieder langsam erfolgende Gewöhnung aneinander in den darauf folgenden Wochen und Monaten bringt keinen Erfolg. Das stets rabiat ungeduldige Männchen passt einfach nicht zu einem Weibchen, das nur noch in Angst lebt. Massai kehrt in seinen Tiergarten zurück und Sprint lernt einen anderen Zoo kennen, aus dem wiederum ein Katzenmann geschickt wird.

Kaum steht die schwarze Transportkiste mit den vielen englischsprachigen Aufklebern am Gepardenhaus, riecht Safari den neuen, fremden Artgenossen durch das ganze Außengehege. Neugierig kommt sie heran, kann aber noch nichts sehen. Das Haus ist ihr im Moment versperrt. Für den Zugereisten werden die Sicherheitsschieber gezogen. Er kann endlich aus der engen Kiste in sein neues Heim. Vorläufig, aber nur zur Eingewöhnung, lässt man ihn in die Schlafboxen des Hauses. Sofort riecht auch er bei seiner ersten vorsichtigen Erkundung, dass in dem neuen Lebensraum ein anderer Gepard, sogar ein Weibchen, anwesend ist.

Jede Ecke schnüffelt das junge Männchen ab und setzt überall zur Reviermarkierung seine Duftnoten ab. Erstaunlich selbstbewusst steht er anschließend mitten in der Box und beginnt laut, hell und durchdringend zu bellen. In der Wildnis schallt diese Männchenstimme kilometerweit durch das Weibchenrevier und verkündet seine Anwesenheit. Hier hallt der helle Laut nur von den wenige Meter entfernten Wänden zurück, dass es kaum auszuhalten ist. Die Zoomitarbeiter wissen lediglich, dass der neue Gepard Kenia heißt. Seine sofort gezeigte Selbstsicherheit verblüfft alle. Der Zoolebensraum muss auch ihm von Geburt an bekannt sein.

Kenia muss sich erst eingewöhnen, wofür er offensichtlich nur wenig Zeit benötigt. Schon am nächsten Tag läuft er, noch getrennt von Safari, erkundend durch das Außengehege, setzt über jede Markierungsstelle seine Urinduftmarke und scheint überhaupt kein Problem damit zu haben, das neue Umfeld als sein Territorium anzusehen.

Bereits nach wenigen Tagen kennt er den Arbeitsablauf im Zoo, hat auch die letzte Ecke des weitläufigen Steppengeheges kennen gelernt und immer wieder sein Revier verbellt. Nur Safari, von deren Anwesenheit er weiß, hat er immer noch nicht gesehen. Zwar kann er sie hören und riechen, aber der Sichtschieber zwischen den beiden Schlafräumen war bisher geschlossen.

Endlich trennt das Pärchen nur noch der Gitterschieber. Nun können sie vorsichtig miteinander Kontakt aufnehmen. Bei allen wehrhaften Beutegreifern ist diese Vorsichtsmaßnahme notwendig. Gerade bei den Geparden steht viel auf dem Spiel!

Die Hoffnung auf einen Zuchterfolg wächst, denn die erste Begegnung am Gitterschieber verläuft sehr harmonisch. Safari schnurrt und streift mit ihrer ganzen Seite an den Stäben entlang. Kenia steht angespannt da und beobachtet interessiert jede Bewegung. Sie scheinen zu harmonieren. Der Pfleger lässt daraufhin die beiden nach draußen. Aber auch hier ist er noch vorsichtig. Das Weibchen kommt ins Außen-, das Männchen ins Vorgehege. Jetzt trennt die Tiere nur noch der Maschendrahtzaun. Zum ersten Mal sehen sie sich in ganzer Größe. Außer sich scheinen die Tiere nichts in ihrer Umgebung zu registrieren. Eine bemerkenswerte Harmonie strahlen die Katzen aus, wie sie der Betreuer bisher noch nicht erlebt hat. Nach seinen Erfahrungen benötigen fremde Tiere in dieser Situation mehrere Tage, um sich richtig kennen zu lernen. Unschlüssig beobachtet er die beiden. Keine Drohgeste, kein abwehrendes Fauchen – ganz im Gegenteil, sie versuchen ihr Jagdspiel zu beginnen, das der Zaun noch verhindert.

Jetzt ist dem Pfleger das Verhalten zu eindeutig. Er lässt alle zur Vorsicht mahnenden Berufserfahrungen sein, hofft in guter Erwartung auf das richtige Gefühl und zieht den letzten Schieber! Sofort stürmen beide Geparden in einer wilden Verfolgungsjagd durch das große Gehege. Aber immer bleibt ein gewisser Abstand, sofort bremst Kenia ab, wenn Safari die Annährungen mit einer Drohgeste zurückweist. Elegantes, ungestümes Dahinjagen von zweien, die sich langsam, aber sicher näher und näher kommen.

Plötzlich, ohne irgendein vorher sichtbares Anzeichen, bremst Safari ab und hockt sich hin. Völlig widerstandslos duldet sie Kenias Aufspringen, duldet den Biss in ihr Nackenfell, duldet die Paarung.

Anschließend schnurren beide, obwohl sie noch ganz außer Atem sind. Safari wälzt sich genussvoll, verspielt im Gras – die Tiere entspannen.

Am Gehegetor steht immer noch der Pfleger. Er hat in der ganzen Zeit das Geschehen beobachtet, jeden Moment bereit, die Katzen notfalls sogar gewaltsam zu trennen. Schlechte Erfahrungen gab es ja reichlich. In diesem Fall ließ er sich von seinem Gefühl leiten, was endlich zum Erfolg führte.

Kodiakbären

Mitten im Zoo liegt die Bärenburg. Die Anlage heißt nicht nur so, sie ist auch burgenähnlich gebaut. Zwei Bärenarten leben hier – die braunen Kodiakbären und die Eisbären. Sie haben großzügige, voneinander gesonderte Freianlagen. Ein breiter, tiefer Wassergraben trennt die Tiere von den Besuchern.

Auch die steil aufragende Wand aus Naturstein, die das Gehege im Hintergrund abschließt, passt zum Aussehen einer Burg. Hinter dieser Wand, von Besuchern nicht mehr einsehbar, liegen die Schlafboxen der Tiere, in denen sie nicht nur die Nacht verbringen, sondern auch fressen. Jeden Abend, bevor der Zoo schließt, müssen die Bären aus Sicherheitsgründen dort hinein. Vielmehr: Sie wollen ins Haus, denn dort liegt ihr Futter. Obst und Gemüse je nach Jahreszeit, vielleicht auch ein großer Rinderknochen zum Abnagen. Immer findet sich etwas anderes, weshalb das Kodiakbärenpärchen Thure, das Männchen, und Trebel, das Weibchen, den Abend kaum erwarten können. Erst wenn sie, jeder in seiner Box, eingesperrt sind und genussvoll die Knochen beim Fressen knacken lassen, kann der Pfleger durch einen gesonderten Gang auf die Freianlage, um sie für den nächsten Tag zu reinigen.

Sobald der Morgen anbricht, warten die Bären wiederum ganz ungeduldig, laufen in ihrer Unterkunft auf und ab, schnüffeln in jeder Ecke. Manchmal kratzen sie mit den großen Vorderpfoten am Schieber – er soll endlich aufgehen, damit sie hinaus können. Aber erst einmal muss ihr Betreuer seinen Dienst beginnen. Unüberhörbar, fast laut, schließt er morgens die dicke Blechtür der Bärenburg auf und lässt sie zum Lüften gleich offen stehen. Dahinter liegt noch die Sicherheitsgittertür, die immer verschlossen sein muss. Scheppernd lässt er sie hinter sich ins Schloss fallen. Im Innern der Bärenburg liegt an einem langen, hell erleuchteten Gang eine Schlafbox neben der anderen. Sogleich lässt der Pfleger seine Stimme hören. Er begrüßt die Bären und erkundigt sich nach diesem und jenem. Was er sagt, ist eigentlich egal. Die Tiere sollen ihn lediglich erkennen, das

Wasser ist faszinierend – auch für junge Kodiakbären. Aber die Mutter hilft bei den ersten Versuchen im kühlen Nass.

ist wichtig. An allen Boxen geht er vorbei, spricht jeden mit Namen an und schaut, wie er gefressen hat. Tierbestandskontrolle nennt man diesen ersten morgendlichen Arbeitsschritt. Wenn sie gut verlaufen ist, können die Bären auf die Freianlage. Endlich geht ihr Betreuer zum Schieber und lässt die ungeduldig Wartenden nach draußen. Erst wenn der große, schwere Außenschieber wieder geschlossen ist, öffnet der Pfleger die einzelnen Boxentüren, um das, was von der Nacht herumliegt, zusammenzufegen. Anschließend scheuert er den Ziegelfußboden, damit alles sauber ist. So beginnt der normale Alltag auf der Bärenburg.

Ab Mitte November eines jeden Jahres ist alles anders! In den Wochen zuvor haben alle Kodiakbären wesentlich mehr gefressen als sonst. Unter dem dicken Winterfell tragen sie nun eine beachtliche Fettschicht. Morgens hat es keiner von ihnen mehr so eilig, ins Freie zu kommen. Nur langsam, eher unwillig schlendern sie an die frische Luft. Manchmal muss der Bärenpfleger schon laut werden, damit sie sich überhaupt bequemen. Ihre innere Uhr hat das ganze Wesen verändert – die Zeit des Winterschlafes beginnt.

Für ihre Winterruhe suchen die wilden Artgenossen auf den Kodiakinseln im amerikanischen Bundesstaat Alaska eine Höhle irgendwo unter zusammengestürzten Bäumen oder zwischen Felsen auf, um die nahrungslose Zeit bis zum Frühjahr zu verschlafen. Während dieser Phase jedoch bekommen die Weibchen ihre Jungen.

Der Pfleger im Zoo hat die Gitterwand von Trebels Box mit Platten versehen. So entsteht für sie eine Schlafhöhle. Dunkel und gemütlich ist es darin, denn auf dem Steinfußboden, der sonst ja täglich gescheuert wird, liegt nun eine dicke Lage Stroh. Endlich darf die Bärin im Haus bleiben, denn irgendwann im Winter bekommt sie in der abgeschiedenen Dunkelheit voraussichtlich ihre Jungen. Nur Thure muss, wie immer täglich, auf die Außenanlage, denn schließlich wollen die Besucher ja sehen, ob die Bären überhaupt noch da sind. So bleibt ihm nichts weiter übrig, als in einer Ecke der großen Anlage die Vorderpfoten über das Gesicht zu legen, den Schaulustigen seinen breiten Rücken zu zeigen und eben dort tagsüber zu schlafen.

Aber nicht nur die wintermüden Kodiakbären verhalten sich in der kalten Jahreszeit zurückhaltender, auch der Tierpfleger geht ganz anders mit ihnen um. Jetzt, da er schon die gefütterte Winterjacke fest zumacht, wenn er in der ersten Morgendämmerung auf die Bärenburg geht, beginnt jeder Tag spannend. Leise dreht er den Schlüssel in der Blechtür herum, schließt sie umgehend sorgsam hinter sich, ehe die Gittertür aufgeschlossen wird. Mit leisem Klick rastet sie kurz darauf ebenso wieder ein. Als Erstes lauscht der Pfleger in den fast dunklen Gang. Nur weit entfernt am Ende brennt jetzt schwach eine Glühbirne. Das kleine Licht gibt lediglich etwas Orientierung. Langsam und leise geht der erfahrene Bärenbetreuer an Trebels Winterhöhle heran. Wieder lauscht er und murmelt anschließend etwas Unverständliches. Die Bärin hat natürlich sogleich die leisen Geräusche an der Tür vernommen, aber nur ihre Ohren etwas in die Richtung gedreht. Nun hebt sie träge den Kopf und schnüffelt hörbar die Luft ein. Zwar erkennt sie ihren Pfleger an der Stimme, aber für einen Bären gehört es einfach dazu, ihn auch zu riechen. Erst dann steckt sie den Kopf wieder beruhigt zwischen die Vorderpfoten, um weiter zu schlafen.

So sehr der Zoomitarbeiter auf das bestimmte Geräusch auch wartet, er bekommt nichts zu hören … Zwar kann er durch das Guckloch in die Box schauen, aber dort ist alles schwarz. Erst am Tag, wenn es draußen deutlich heller geworden ist, und auch nur, wenn seine Augen sich an die Dämmerung im Innern gewöhnt haben, kann er vage die Konturen der Bärin erkennen. Immer

Das Kodiakbärenweibchen Trebel steigt mit wenigen Schritten die Treppe zum Wassergraben hinab. Zwar ist für die Jungen ein bequemer Ausstieg eingerichtet, aber ihnen bereitet das Klettern auf den riesigen Stufen viel mehr Freude.

liegt sie zusammengerollt, mit dem Rücken zum Gang, in der rechten Ecke. Kleine Details bleiben ohnehin hinter der Strohwand, die Trebel um sich aufgeschichtet hat, verborgen.

Ob die Bärin tragend ist, weiß niemand. Zwar haben sich Thure und Trebel gepaart, aber das ist noch keine Garantie für den Zuchterfolg. Bei vielen anderen Tierarten ist am stetig zunehmenden Leibesumfang deutlich erkennbar, dass mit Nachwuchs gerechnet werden kann. Das ist bei Bären unmöglich. Das zottige Winterfell und die dicke Speckschicht verraten nichts. Weshalb aber bei diesen Tieren niemand die Trächtigkeit feststellen kann, liegt vor allem an der Größe der Jungen, die sie bekommen. Ein neugeborener Braunbär ist höchstens so groß wie ein ausgewachsenes Meerschweinchen. Also winzig klein im Vergleich zur Mutter.

Da kann der Pfleger lange in die Dunkelheit starren. Sollte es ein Jungtier geben, könnte er es mit Sicherheit nicht sehen: Trebel steht ohnehin nicht auf. Selbst wenn ihr Betreuer ganz behutsam etwas Wasser vom Gang aus anböte oder sogar den süßen Bärenpudding, den sie sonst gierig verschlingt, wäre sie nicht zu bewegen, ihre Ecke zu verlassen. So still, ohne jede Veränderung, verstreicht der halbe Winter. Jeden Morgen lauscht der Pfleger angespannt, aber es bleibt alles ganz ruhig bis zum Neujahr. Selbst an diesem Tag, wo jeder gerne etwas länger schläft als üblich, beginnt die Arbeit auf der Bärenburg wie gewöhnlich um 7:00 Uhr. Schon als der Tierfleger an diesem ganz besonderen Morgen die Bärenburg betritt, ist etwas anders. Außenstehenden wäre die kleine Veränderung gar nicht aufgefallen, aber wer über Jahrzehnte seine Tiere kennt, hört auch die kaum wahrnehmbaren neuen Laute.

Erwachsene Bären können in wenigen Tonlagen nur brummen oder brüllen. Aber aus der Dunkelheit tönt heute ein leises »nog-nog-nog«, schnell hintereinander vorgetragen. Dieses Geräusch kann nur von einem Neugeborenen stammen, das genussvoll an der Brust der Mutter saugt! Jetzt horcht der Zoomitarbeiter erst recht angespannt. Könnten von dort hinten vielleicht die Wohlfühllaute von zwei Babys kommen? Möglich wäre das schon, denn die Geburt von Zwillingen ist bei Braunbären nichts Außergewöhnliches. Aber das Stimmchen ist sehr leise. Dummerweise raschelt die Bärin auch noch im Stroh. Anschließend ist kein Laut mehr zu hören.Vermutlich ist das Neugeborene ganz satt eingeschlafen. So kann er nicht herausfinden, was er unbedingt wissen möchte.

In der Wärterstube steht ein Monitor. Gleich mit Einrichtung der Wochenstube, wie die Schlafbox jetzt bezeichnet wird, hat man eine Kontrollkamera mit Infrarotscheinwerfer, außer Reichweite der Bärin, installiert.

Jetzt drückt der Pfleger zum ersten Mal auf die Starttaste. Nur wenige Momente dauert es, bis der Scheinwerfer das für Säugetiere unsichtbare Licht in die Box wirft und die Kamera bis in die letzte Ecke aufzeichnet, was in der Dunkelheit geschieht. Kaum erscheint das Bild auf dem Monitor, rückt der Bärenbetreuer dicht heran, regelt noch am Kontrast, aber umsonst. Trebel liegt wie immer, mit dem Rücken zur Kamera, und hantiert nicht einsehbar vor sich herum.

Wieder heißt es abzuwarten. Auch wenn vielleicht sogar zwei Winzlinge eines Tages auf dem Bildschirm erkennbar sein sollten, wird das Geduldsspiel weitergehen. Es kann Tage, manchmal Wochen dauern, bis Trebel, durch Futter gelockt, in die Nebenbox gehen wird. Dann endlich dürfte es möglich sein, den von der Mutter getrennten Nachwuchs zum ersten Mal zu sehen und den Gesundheitszustand zu kontrollieren.

Aber selbst wenn er an diesem Neujahrsmorgen nicht gleich alles erfährt – für ihn, den Bärenpfleger, fängt das neue Jahr sehr gut an.

Neugeborene Kodiakbären wiegen etwa 500 Gramm, entwickeln sich aber in den ersten Lebensmonaten sehr schnell. Bis so ein stattliches Männchen von 500 Kilogramm herangewachsen ist, dauert es allerdings mindestens fünf Jahre.

Stundenlang liegt das Wapitimännchen auf seinem Ruheplatz gleich neben dem Weg. So können alle Besucher das imposante Geweih ganz aus der Nähe betrachten oder das Kalb beobachten, …

… das im sommerwarmen Wasser ganz für sich alleine zuschlägt, auskeilt, angreift, abwehrt, flüchtet und mit einem unsichtbaren Gegner spielt. So trainiert es lebenswichtige Verhaltenseigenschaften.

Yaks leben als Haustiere, von denen die Menschen Milch, Fleisch und Wolle nutzen, in den Hochgebirgsregionen des Himalaja. Das Fell hat eine dichte Unterwolle gegen die Kälte in den Bergen und wasserabweisende Grannenhaare, um den häufigen Regenfällen zu trotzen.

Einen ganz ähnlichen Lebensraum bewohnen die Lamas in Südamerika. Auch sie sind Haustiere, die besonders zur Wollegewinnung, in vielen Farbschlägen, gezüchtet wurden. Ihr Fell ist sehr weich und angenehm.

Erst am späten Abend, wenn keine Besucher mehr im Zoo sind, lockt das Maraweibchen ihr Junges aus der Höhle. Gleich nach dem Säugen geht das Kleine auf Entdeckungstour.

Für die jungen Maras ist der Futterplatz die interessanteste Stelle im Gehege. Hier legt der Tierpfleger erst während des Abenddienstes für sie frisches Gemüse – meist Möhren, Kohlrabi und Salat – bereit.

Dankeschön

Ganz herzlich möchte ich dem Geschäftsführer des Rostocker Zoos, Udo Nagel, und allen dortigen Mitarbeitern danken, die auf vielfältige Weise zum Gelingen des Buches beigetragen haben. Sehr schnell wurde ich über Geburten im Zoo informiert, wusste sogar, wo weiterer Nachwuchs zu erwarten war. Bedanken möchte ich mich ausdrücklich bei den Verwaltungsmitarbeiterinnen für die Möglichkeit, im Zooarchiv recherchieren zu können. Insbesondere danke ich den Tierpflegern. Überall war die Zusammenarbeit stets unkompliziert und von großer Hilfsbereitschaft gekennzeichnet.

Vor allem das Fotografieren in den Gehegen hat viel Freude bereitet. Gelegentlich kam ich nur mit der Bildidee ins Revier, die von den Pflegern dann bereitwillig umgesetzt wurde. Dankbar bin ich auch für viele Hinweise, wo und wann gute Fotomöglichkeiten oder Lichtsituationen vorhanden sind. Ohne die umfangreiche Unterstützung durch die Mitarbeiter des Zoologischen Gartens Rostock wäre es wesentlich schwieriger gewesen, gute Fotos zu erzielen.

Jürgen Reich

Vitae

Jürgen Reich wurde 1956 in Vorpommern geboren und wuchs in Wildberg bei Neubrandenburg auf. Bereits in der Schulzeit entdeckte er die Faszination der Fotografie, entwickelte die Bilder selbst und beschäftigte sich besonders mit Naturmotiven.

Im Zoologischen Garten Rostock begann er 1973 den Beruf eines Zootierpflegers zu erlernen. Während der zweijährigen Ausbildung arbeitete er in allen Revieren und lernte die Haltung und Pflege aller in der Einrichtung befindlichen Tierarten kennen. Nach Abschluss der Lehre war er dort als Vogelpfleger, ab 1980 als Revierleiter im Vogelrevier tätig.

1990 begann für ihn die Selbstständigkeit. Seitdem fertigt er gemeinsam mit seiner Frau kunsthandwerkliche Keramik in Bartenshagen (zwischen Bad Doberan und Rostock gelegen) an. Und er fotografiert! Zahlreiche Veröffentlichungen mit seinen Bildern sind mittlerweile erschienen, als Kalender oder – beim Hinstorff Verlag Rostock – in Buchform, so *»Ein Kranichjahr in Mecklenburg-Vorpommern«* (2004), *»Geheimnisvolle Tierwelten in Mecklenburg-Vorpommern«* (2005), *»Ein Jahr unter Seeadlern«* (2006) und *»Ein stiller Schatz – Moore in Mecklenburg-Vorpommern«* (2007).

Udo Nagel, geboren 1954 in Wismar, studierte an der Universität Rostock und legte 1976 sein Diplom als Agrar-Ingenieur im Bereich Veterinärmedizin ab. 1976 und 1977 arbeitete er als Tierpfleger im Rostocker Zoo, von 1979 bis 1987 war er stellvertretender Tierpflegeinspektor und Lehrausbilder. Von 1987 bis 1991 bereits Mitglied der Direktion des Rostocker Zoologischen Gartens, wurde er 1992 zu dessen Direktor ernannt.

Zwar scheint noch die Sonne, aber für die Eisbärenzwillinge Venus und Valeska ist der Spieltag auf der Außenanlage zu Ende. Gemeinsam mit ihrer Mutter Vienna verschwinden sie in der Bärenburg zum Fressen und Schlafen.

Titelbild: *Geparden*
Rücktitel: *Seebär, Kulan und Yak, Husarenaffe, Eisbären, Schleiereule (von links nach rechts)*

Bildnachweis:

Frank Fuchs (Archiv Zoo Rostock):	Seiten 18, 19
Ellen Hinz (Archiv Zoo Rostock):	Titelbild
Joachim Kloock:	Seiten 14, 20, 21, 64, 79, Rücktitel (2. Bild von rechts)
Karin Linke (Archiv Zoo Rostock):	Seite 11
Evelyn Meyer (Archiv Zoo Rostock):	Seite 4
Jürgen Sindermann:	Seiten 16, 17
WERK3.de:	Seite 15
Alle anderen Bilder:	Jürgen Reich

Textautoren:

Vorwort und Kapitel Eisbären:	Udo Nagel
Alle anderen Texte:	Jürgen Reich

Bibliographische Information Der Deutschen Bibliothek:
Die Deutsche Bibliothek verzeichnet diese Publikation in der Deutschen Nationalbibliographie; detaillierte bibliographische Daten sind im Internet über http://dnb.ddb.de abrufbar.

Lagerstraße 7, 18055 Rostock
Tel. 03 81/49 69-0
www.hinstorff.de

1. Auflage 2008

Herstellung: Hinstorff Verlag GmbH
Lektor: Thomas Gallien
Druck und Bindung: Zanardi Group, Padova
Printed in Italy
ISBN 978-3-356-01281-1